BESSIE DUNLOP

THE WITCH O DALRY

BESSIE DUNLOP

the Witch o Dalry

⚡

A PLAY

by John Hodgart

Published by
Association for Scottish Literature
Scottish Literature
7 University Gardens
University of Glasgow
Glasgow G12 8QH

www.asls.org.uk

ASL is a registered charity no. SC006535

First published by Hodder Arnold, 1995

This edition published 2023
Typeset by ASL in Adobe Caslon Pro

ISBN 978-1-906841-51-5

© John Hodgart 2023
With thanks to James Dippie for the musical notation

Cover image based on a woodcut from *Newes from Scotland – declaring the damnable life and death of Dr Fian, a notable sorcerer* (London, 1591)
Background created by aopsan - www.freepik.com

All rights whatsoever in this Work are strictly reserved and application for performance must be made in advance to the Association for Scottish Literature (office@asls.org.uk). With the exception of noncommercial performances by schools, no performance may be given unless and until a licence has been obtained.

ASLS acknowledges the support of the Scottish Government towards the publication of this book

CONTENTS

Introduction... *vii*

A Note on Spelling and Pronunciation ....*xxi*

Cast List...*xxiii*

Bessie Dunlop, the Witch o Dalry 1

    Act One......................................1

    Act Two.....................................38

    Act Three...................................69

Glossary..*103*

Music *107*

Reading and Discussion Questions, and Other
    Classroom Activities............................*113*

INTRODUCTION

Only a few stones or crosses remain to mark some of the spots where witches were burned in Scotland, such as on Castle Hill in Edinburgh, though at the time of writing, there is now a campaign for an official 'pardon' and a national monument in their memory to be erected. In most cases, records simply give the victims' names and, in some cases, even this information has not survived. Bessie Dunlop was one of the thousands persecuted for witchcraft in our country, but, unlike many others, her case was recorded in great detail.

'One of the earliest, and may assuredly be reckoned as one of the most extraordinary cases on record' is how Robert Pitcairn described it in his *Ancient Criminal Trials in Scotland* (1829) and it is his account, taken from the earlier court records, which I have used as my main source in dramatising her tragic story.

Yet Scottish witch-hunts were only a small part of a much greater witch mania which periodically erupted, like a recurring deadly virus, across most of Europe between the late fifteenth and the early eighteenth centuries. It was perhaps initiated by paranoiac Papal authorities faced with growing discontent and protest against the corruption in the Church, but Protestant reformers eventually became as obsessed by it as any Catholic inquisitor, especially during the devastation and ravages of the Thirty Years' War. Thus it affected both Catholic and Protestant countries or regions, with hundreds, including children, being burned at a time in Germany, France and Spain. Exact numbers are almost impossible to establish, and estimates vary considerably, but probably at least 100,000 were burnt or executed across Europe (though it could have been much more).

The witch mania may have arrived later in Scotland, but shortly after the Protestant Reformation of 1560, the Scottish Parliament, following the example of England and other European countries, passed statutes against witchcraft, as the Kirk sought to stamp out the folk customs and traditions they saw as being rooted in a dark devil-worshipping past. Before this time there were very few cases of witchcraft persecution in Scotland but, in the decade or so after these anti-witch laws, cases started to increase and the more the Kirk warned of the evils of witchcraft, the more the disease seemed to spread.

Bessie Dunlop was one of the early victims of these new laws, but one of the most striking things about her case is that she was no lonely auld carline or strange outsider feared by her community, but was very much a central figure in her community. She was, in many respects, an ordinary wife and mother who lived with her man and her weans at Lynn, in the parish of Dalry, Ayrshire, but, in one key respect she was very different from her neighbours: she was a skeelywife, a healer, whose skills ranged from midwifery to veterinary practice, using traditional folk medicine, as well as charms and superstitions.

However, as modern medicine has found out, many of these traditional cures actually work because they are often based on a sound knowledge of herbal remedies. There would have been few doctors in a rural community in the sixteenth century and someone like a skeelywife was the main source of medical aid, especially for women. As a midwife, Bessie must have been a very important and highly respected figure in the community.

But how did a woman whose skills were much sought after come to be seen as a threat to the parish of Dalry, and why was she thought important enough to be tried at the High Court of Justiciary in Edinburgh in November 1576 with her case recorded in such detail?

Firstly, we have to appreciate that the sort of Scotland Bessie lived in was a very different world from our own. Something of the political climate is sketched in during the opening scene of the play; a period of great change, fear and uncertainty, as powerful nobles fought for control of the country. At this time, most of the population scraped a bare living from a land, plagued by famine, starvation and disease. Their lords and masters were the great feudal landowners, while the Kirk strove, sometimes in vain, to reform or control many aspects of their lives.

Thus by having a skeelywife, or traditional female healer, from a small Ayrshire village taken all the way to the High Court in Edinburgh, the authorities were highlighting the fact that this was a matter of great importance to the whole country. Clearly they wanted to make an example of someone like Bessie as a public warning that all those practising the old folk beliefs and customs were agents of the Devil.

This ancient pagan culture was in fact something that both Catholic and Protestant authorities greatly feared, as someone like a skeelywife had a power over women's lives which the Church could not control and, in striking at this, they were striking at the very heart of what they feared most: female knowledge, skills and wisdom which a male hierarchy saw as the work of the devil. As elsewhere in Europe, the misogynistic fears and paranoia of male authorities played a very large part in lighting the flames of the witch hysteria. Around seventy-five to eighty per cent of those burned as witches were women, but we should also note that many of their accusers were also women, driven by fear, spite, jealousy, revenge, hate or greed.

Robert Pitcairn described Bessie's case as one of the most 'extraordinary' because her 'confession' gives great detail about her relationship with her 'familiar spirit' – one Tam Reid, who was said to have been killed at the Battle of Pinkie in 1547. Her 'confession' records that her knowledge came from a spirit carrying a white wand, an old druid symbol, one who was a close friend of the Queen of Elfhame and the 'elfwichts' or fairy folk. To the Reformed Kirk, these were no fairytale enchantments, but sinister pagan beliefs kept alive by Satanism and Catholicism, which they were determined to eradicate.

As shown in the play, this 'confession' was almost certainly obtained as a result of the cruellest forms of torture and would have been no more reliable than the evidence produced under any brutal totalitarian regime. Bessie's interrogators would have been highly skilled at producing evidence which sounded credible, no matter how fantastic, but, even allowing for this, there is still something of a mystery about Tam Reid, which continues to intrigue centuries later. Was he simply a figment of her interrogators' warped minds, or of Bessie's tortured mind, or did he actually exist?

In the original version of the play we left him as an enigmatic shadowy figure, open to several interpretations, but in rewriting it in 1993, I decided just to make him auld Tam Reid who did not die at Pinkie after all, but who turned his back on a wicked world to live the solitary life of a hermit. I tried to show how he could have been drawn back into the world by Bessie's innate goodness and by his desire to pass on his knowledge to a kindred spirit, the local skeelywife, whose skills came from her own mother. He was presented as a sort of solitary druid, whose roots are in the pagan past, but who had also learned from the monks in the old days and hence his love of the Monkcastle woods.

However, in rewriting it recently, I decided to retain more of a sense of mystery or ambiguity about him, including the possibility that he may have been, in a sense, still 'alive', though maybe only in Bessie's imagination. I think this reflects my own uncertainty about his identity, but whether he was real or not, he is intended as a sort of alternative spiritual presence in the play, the polar opposite of the dark hellfire sermons of the minister at the start of each act.

At the same time I have tried to highlight the ironic contrast between a devil-obsessed religion and the natural goodness of the healer whose life exemplified the very Christian qualities the Kirk was supposed to stand for, but which, in Bessie's case, led ultimately to her downfall. Yet ironically it was not because of her activities as a skeelywife that she first landed in trouble with the authorities.

As already pointed out, someone like Bessie would have been a central figure in a small close-knit society, often devastated by famine and disease, and her skills were sought by rich and poor alike. Yet, as time passed and her fame as a healer spread, especially in the aftermath of an epidemic, she seems to have been accredited with powers that went beyond the natural. Soon people sought her help for all sorts of things, especially her apparent ability to find lost or stolen goods, or to foretell the future, something that was often thought to be within the power of a wise woman or spaewife, and something that features in many witch trials.

However, as Sir Walter Scott remarked in *Letters on Demonology and Witchcraft* (1830), 'Bessie Dunlop's profession of a wise woman seems to have flourished indifferent well till it drew the evil eye of the law upon her.' Although many of the local gentry had also sought Bessie's help on numerous occasions, it was not until she made enemies among her social superiors that she landed in trouble, especially after she seems to have stumbled across a case of corruption, involving the local Sheriff Officer, Jamie Dougall, who had her charged with sorcery.

Thus the local Sheriff Officer and other important men in the community possibly saw how they could get rid of someone who had offended them, and it was not long before Bessie was brought before the Kirk authorities who used her case for their own ends through a perverted form of justice, apparently intended to 'save' the victim from the clutches of Satan. Even her plea for 'an assize of her neighbours' seems to have backfired on her, as she was disowned and betrayed by the local gentry, no doubt by some of the people who had previously sought her help.

Yet in spite of all this, Bessie Dunlop still shines through their twisted version of the truth as an innocent and very fallible 'witch' and, above all, as a selfless and brave woman who never used her 'powers' or her wisdom to bring anything but good to her community. Above all, there is not one single piece of evidence that she ever brought harm to anyone, as she seems to have spent her short life trying to help others or responding to people who sought her aid.

She was essentially a healer whose skills as a wise woman were exploited by others for their own selfish reasons, and this proved to be her undoing. Her crime was to offend people who had asked too much of her, or who had entangled her in the affairs of those with much to hide. Ironically for a wise woman, she was also perhaps a victim of her own naivety in trusting people and of her success in healing and helping others, but she was also a victim of malicious, corrupt and callous people, as well as of the wider moral sickness in her society where to attempt to do good in the traditional manner had been turned into something to be viewed as evil.

At the start of the play we see Bessie and her family suffering from a physical illness for which she is able to find a cure, but at the end of the play we see her suffering at the hands of a sick society for which a cure is not so easily found. Her own natural goodness and innocence laid her open to the credulity, gossip and betrayal of neighbours, but her fate was sealed by the hypocrisy and cowardice of the local gentry, by the spite and corruption of local officials and, above all, by the Kirk's obsession with witchcraft. Bessie's story thus shows how a totally innocent person became a convenient scapegoat for the problems of a hysterical, corrupt and devil-obsessed society.

I hope that, in spite of its historical focus, *Bessie Dunlop, the Witch o Dalry* will be seen not simply as a historical documentary, but as a play that says something about human behaviour which is not without relevance to our own troubled times. Hopefully the play will also hold up a mirror to any society driven, by fear of the enemy within, to seek out victims and scapegoats.

When we try to come to terms with evil on the scale of a holocaust it is often difficult, when confronted with the sheer enormity of the human suffering involved, to remember that the statistics conceal millions of personal tragedies and the suffering of individual human beings and families. Think of the shoes of the Auschwitz victims piled in stacks up to the ceiling: each shoe belonged to someone who was an innocent victim of racism, hatred and persecution. A similar fate consumed many thousands in the insane witch-hunts of earlier centuries.

The form and style of the play

As explained above, the play is based on Bessie Dunlop's 'confession', as recorded in Pitcairn's *Criminal Trials*, and although I have used many of the items in her confession, I have tried to get behind the recorded 'evidence' to explain how I think Bessie might have become 'the witch of Dalry' and to show how her trial and confession twisted the truth. It presents one version of her strange story; no doubt others could interpret her confession in a different way.

To highlight my interpretation, I have taken dramatic licence, firstly by adding a few characters not mentioned in the confession, such as the rascals Elkie and Wulkie (who are hopefully more than just comic relief), as well as Maggie Jack,

Bessie's sister-in-law and wife to a John Jack mentioned in the evidence. John Jack was possibly a brother to Andra Jack, Bessie's 'spouse', who is only mentioned as suffering from 'the land-ill' and is then strangely absent from the confession. However, I have built up his character to give him an important role in bringing trouble to Bessie's door, to show that even her own man, whom she had saved from illness, could be capable of exploiting her 'powers'. In the end, though, he is a conflicted figure, feeling guilt and remorse, though still afraid for himself as much as for his wife.

Obviously I have also departed from the details of the confession by selecting, omitting and sequencing the events in order to give the story more structure and shape – although, like the confession, the play is episodic in structure with many of the scenes linked by narration. The original intention was to use as many episodes as dramatically possible to suggest a panoramic view of Bessie's story, showing the many different characters and events that supposedly made up the catalogue of her crimes, but which in fact testify to her innocence and goodness.

In rewriting the play several times, I have gradually reduced the number of characters from the original version, mainly by making more use of recurring figures like Andrew, Elkie and Wulkie, Dougall and Crawfurd. However, I hope her tragic tale still creates a sort of tapestry of the whole society and culture which was responsible for Bessie's fate and shows how the evil which engulfed Bessie came from several layers of that society, and that they all reinforced each other.

In sharp contrast to the chronicling of events and detached factual narration, there are also several stock elements of popular Scottish comedy, which may at first seem strange in a play about witch persecution. In the first act of the play these are used to suggest an essentially reassuring world where life's problems can always be laughed off. Thus a certain pattern of expectations is built up, but the anticipated pattern soon starts to fall apart, as in Act One, Scene Eleven which wavers between farce and tragedy, or in the Irvine scenes at the start of Act Two which begin comically but end darkly and menacingly. We therefore gradually move into an uncomfortable world of fear, cruelty and victimisation, quite the opposite of what we are earlier led to expect.

Similarly the folk songs (six in total, using a mix of traditional and original tunes) also reflect this change, progressing from humorous and convivial folk songs to songs of a very different nature as the play takes us on a journey into a grim and dark world, such as the very ironic 'Guid Neebours' song, set to the tune of 'An Alarc'h' ('The Swan'), the Breton melody 'The Twa Corbies' was set to by Morris Blythman.

Some of these contrasts are also expressed via the language of the play, especially between formal English and colloquial Scots, but within these two there are further contrasts. There are different levels of English, from the Bible extracts, much of the narration, or the language of the Bishop, to the court proceedings, which actually mix formal Scots and English. There are also different varieties of Scots, from the old legal Scots of the court scenes and parts of the confession, or the pulpit Scots of the Minister and the more archaic Scots of Auld Tam, to the more streetwise language of Bessie's neighbours or some of the rascals and villains.

I have also taken poetic licence with the language of the play. Though some archaic Scots is used, it would of course have been pointless to make the characters speak in authentic sixteenth-century Scots. There are also linguistic anachronisms, such as the Minister quoting from the King James Bible nearly forty years before it was published. However, the Reformers did use an English translation of the Bible and all that matters here is that it should sound elevated, archaic and austere.

On the other hand, why do I have the Bishop and some of the advocates using a mixture of English and Scots legalese? Well, the Bishop is meant to appear as an educated outsider who doesn't really believe in all this 'witchcraft nonsense', but he is also a Pontius Pilate figure, reluctant to get involved and anxious to avoid anything controversial, all of which is easier to suggest if he speaks a more elevated upper-class English, thereby distancing him from those he is judging.

Similarly, I wanted the legal jargon of the court to sound formulaic and impersonal, essentially the language of bureaucracy, as far removed from the language of Bessie's world as possible, to suggest how the truth has been twisted and justice perverted by cold-hearted men in power. Thus there are important dramatic reasons for these linguistic contrasts which, in fact, highlight the advantages of being bilingual in two cousin languages – Scots and English.

Historical licence has also been taken in other ways, such as Bessie appearing to be present during the court scenes when, in reality, women were not admitted as witnesses until centuries later. Bessie seems present during the court scene, but she speaks only to herself and does not actually speak directly as a witness, though she is much quoted (or rather, misquoted). Again this helps to suggest that words have been put into her mouth and the truth twisted, as she is no longer present, no longer a person and it does not matter what she says. And there is no one there to speak for her.

As far as historical truth is concerned, I do not claim that my version of her story is what really happened, although I think it is possibly nearer to the truth than Bessie's confession. My main aim was not to unearth the 'true' facts of the case, as those will never be known, but to create a drama about good and evil and to show how a good person can become a scapegoat. Thus, poetic licence is more important than strict historical accuracy in bringing Bessie's tragic tale to life.

Production Note

The original version of the play, written by myself and my then colleague Martin Clarke, who tragically died in 1983, was for a school drama production in 1977. I rewrote it about ten years later for an EIS Drama competition (which it actually won) and then rewrote it again for Hodder and Stoughton who published it as a school text in 1995. This 2021 shorter revised edition is therefore the fourth version of the play.

For anyone thinking about a production, the episodic nature of the play clearly presents some challenges, but also some opportunities. At times the action moves so quickly between scenes that the use of different stage sets is really out of the question because the transition from one scene to another, sometimes via narration, has to be carried out smoothly and quickly or the whole flow and continuity of the production is lost. Narration by actors from the previous scene, or those taking part in the next one, should help to improve continuity and help maintain the unity of the work so that narration and dialogue are integrated as closely as possible.

In the original production, the setting throughout was a bare stage with black drapes, while appropriate lighting changes and blackouts were used to move from one location to another, especially for the Bessie and Tam scenes. Furniture and props were minimal and strictly functional, such as stools and boxes, which were easily carried on and off by the cast. Costumes were very plain, using mainly drab colours which can be quickly added to (e.g. with a hat or cloak) to suggest a change of character. Only Tam, whose appearance is described in the confession, wore a period costume to suggest that he is a figure apart who belongs to a different age.

The original cast of the play consisted of thirteen males and twelve females, plus some musicians, but it can be easily adapted for a variable number of actors. A large cast has the obvious attraction of involving as many as possible in the production, but it is equally within the scope of a smaller cast if actors take on more than one role. The only limitation is that Bessie should probably not take other parts, except perhaps narration. Likewise, Tam should probably not take other parts until at least after his final scene. Confusion could of course possibly occur in one or two places if the same faces appear in consecutive scenes as different characters, unless it has been made clear that they have changed parts, either via a costume change or as indicated by narration.

This revised version of the play, like the 1995 Hodder edition, also contains teaching notes, suggestions for classroom activities and questions for discussion or writing – in other words, just about everything you need to use the play in the classroom or drama studio, but for goodness sake, don't make the weans read it round the class or you'll kill it stane deid! By all means read bits to them, or ask colleagues, or drama students, to record some bits for you, but also use various group activities, group readings and performance of extracts and listen to the audio book version when it comes out, hopefully next year.

These suggestions are prompted by experience of the original production in Garnock Academy, Kilbirnie, Ayrshire in 1977 when we tried to write a part for just about everybody and we were adding or changing bits the week before the performance. Hopefully other groups will develop their own ideas about production and presentation to suit their own needs. I only hope that they enjoy working on the text as much as I did with the late Martin Clarke and a memorable cast of very enthusiastic and talented pupils, as well as a team of very supportive colleagues.

A NOTE ON SPELLING AND PRONUNCIATION

The spelling of Lowland Scots – which exists in many dialect forms, rural and urban, from the Northern Isles to the Borders – has always varied widely and has never developed a standard orthography (i.e. one 'correct' way of spelling a word). In spite of various attempts to lay down rules, or to regularise it, Scots spelling remains variable and flexible (i.e. a word may have several alternative spellings) with many writers holding to their own local or personal preferences. This does not mean that Scots does not have many traditional word-forms or common spelling conventions, but they have not always been followed and do not always suit every variety of Scots, especially modern urban ones. While I have tried mainly to follow my own Ayrshire ear as regards spelling, word choice or grammar, I have also used most of the spelling conventions that are suggested in the *Concise Scots Dictionary*.

– ane or yin = one
– a as in want, warm, wash = the a sound of English *arm*
– ae/ai/a = a as in English *maid*, e.g. brae, sair, hame, nae (not), hae, taen

SPELLING AND PRONUNCIATION

- au/aw as in English *awe*, e.g. auld, tauld, gaun, aw (all), blaw, caw
- ay = yes, aye = always (y as in dyke) as in gey (very), wey
- ei/ie/ee all = ee, as in seik, heid, weel, deef, gie (give), frien
- eu = u as in *muck*, e.g. leuk, sheuch, or yu, as in heuk, neuk
- oo/ou as in *good*, e.g. aboot, oot, oor, toun, roun, croun
- ow as in *down*, e.g. growe, lowp, cowp, howk, owre
- ui = i of *bin*, as in guid, spuin, or a of *fate* as in puir, muir
- ul = u as in *dull*, as in wull, pull
- ch as in *loch*, for bricht, fricht, licht, nicht, richt, sicht
- ng as in *singer*, for anger, finger, single
- ed verb endings = it/t/(e)d, as in howkit, washt, chowed, gied, tauld

Although I have used 'I' for the first person singular pronoun, it is variously pronounced I/Ah/Uh/Eh, though mainly 'Ah'.

Apostrophes are not used for missing English letters, as these sounds are not present in Scots, e. g. wi him aye talkin o himself.

For more details of spelling and pronunciation, see the *Concise Scots Dictionary* or the *Essential Scots Dictionary*, or look up the Scottish Language Dictionaries' website.

CAST LIST

MINISTER, Mr Crawfurd

BESSIE DUNLOP of Lynn, a skeelywife

ANDRA JACK of Lynn, her husband

MAGGIE JACK, Bessie's sister-in-law

AILIE and JEANIE, Bessie's weans

TAM REID, an old man, Bessie's 'familiar spirit'

LIZZIE, JENNIE, ISA, MARTHA, neighbours of Bessie's

LADY JOHNSTOUN

GRIZELL JOHNSTOUN, her daughter

CATHERINE DUNLOP, her servant

THE LAIRD OF STAINLIE, Grizell's betrothed

MRS CRAWFURD of Baidland

LADY BLAIR

MARGARET SYMPLE, her servant

ELKIE and WULKIE, drinking cronies of Andra Jack

JAMES CUNNINGHAM, Chamberlain of Kilwinning

WILLIAM BLAIR of the Strand

GIBBY, his servant

JANET BLAIR, his daughter

ELSPETH BLAIR, her sister

ANDREW CRAWFURD, Laird of Baidland

HEW SCOTT and WILLIAM KYLE, Burgesses of Irvine

MAILIE BOYD and JINTIE, women of ill-repute

CAST LIST

JAILER

JAMES BLAIR of the Strand, brother to William

JAMIE DOUGALL, Sheriff Officer

JOHNIE BLAK, a blacksmith

GABRIEL and GEORDIE, his sons

HENRY JAMIESON and JAMES BAIRD, farmers

JAMES BOYD, Bishop of Glasgow

BISHOP'S CLERK

GUARD*

TOM REID, Baron Officer to the Laird of Blair, son of auld Tam

WULL, an old servant

KIRK ELDERS*

THE LAIRD OF WHITTINGHAME and GEORGE AUCHENLECK OF BALMANNO, law lords

INTERROGATORS

SCRIEVERS, or note-takers*

ADVOCATE 1

ADVOCATE 2

CLERK OF COURT

JUSTICE DEPUTE

MEMBERS OF THE ASSIZE*

NARRATORS

non-speaking parts

Bessie Dunlop
The Witch o Dalry

ACT ONE

Scene One – Dalry Kirk

[*Cast enter singing or humming Psalm 7 ('Cheshire') and take their places as congregation. The* MINISTER *climbs into the pulpit.*]

MINISTER 'In all your dwelling places the cities shall be laid waste and the high places shall be desolate . . . and your idols . . . and your images cut down . . . And the slain shall fall in the midst of you and ye shall know that I am the Lord.'

An thus the prophet, Ezekiel, warns us o the Day o Judgement tae come, but we beseech thee, oh Lord, tae guide an bless thy true an faithfu servants on the path o righteousness an steer us awa fae the snares o Satan. We will noo sing Psalm nummer seiven, 'Oh Lord My God, in thee do I my confidence repose.'

[*They sing verses 1 and 2 of the psalm.*]

> Oh Lord My God, in thee do I
> My confidence repose;
> Save and deliver me from all
> My persecuting foes;
>
> Lest that the enemy my soul
> Should, like a lion, tear,
> In pieces rending it, while there
> Is no deliverer.

[*The cast then turn to the audience and hum the tune throughout the following narration.*]

NARRATOR 1 Scotland in the Seventies,

NARRATOR 2 The Fifteen Seventies,

NARRATOR 1 A land torn by civil and religious strife.

NARRATOR 3 Mary Queen of Scots had been deposed.

NARRATOR 2 John Knox was dead.

NARRATOR 4 The new king, James VI, was still a bairn.

NARRATOR 5 The country was buzzing with plots and counter-plots,

NARRATOR 3 As powerful groups of nobles fought for control of the country.

NARRATOR 1 It was a time of uncertainty,

NARRATOR 2 A time of change,

NARRATOR 3 A time of fear,

NARRATOR 4 A time of chaos.

NARRATOR 5 Naebody kent if they were comin or gaun!

[*The whole cast sing 'Sprig o Rowan', possibly with individuals taking some of the verses.*]

SPRIG O ROWAN

If I go tae kirk on Sunday,
God'll aye leuk efter me,
But I ayeways hae ma lucky sprig o
Rowan Tree,
For it keeps awa the witches,
An the Big Bad Bogey Men,
I'm jist a wee bit superstitious
An I like tae ken.
[*repeat last two lines*]

BESSIE DUNLOP, THE WITCH O DALRY

CHORUS:
For it's a skeery life, a weary life,
A sair life tae bear
We're shoved aboot fae morn tae nicht,
Fae here tae there,
An if ye were tae ask us
O Kirks an Queens an Kings,
We'd say we hae a weary time
Wi sic like things.
[repeat last two lines]

Oh we had a Queen o Scotland,
Mary wis her name,
For mony o oor problems
She's taen the blame,
Sae noo she's vanished fae us
An wee Jamie bears the croun,
But the bonnie Lords o Scotland
How they aw buzz roun.
[repeat last two lines]

CHORUS

NARRATOR 1 To the ordinary folk, life was not a struggle for power, but a struggle for survival.

NARRATOR 2 The mighty came and went, but the people lived and died by the powers of Nature:

NARRATOR 3 The golden warmth of the sun and the silver shadows of the moon, the cycle of the seasons, the ebb and flow of time and tides.

[*Cast all turn back towards the* MINISTER *and sing verse 6 of Psalm 7. They continue humming the tune throughout the following narration.*]

> Rise in thy wrath, Lord, raise thyself
> For my foes raging be;
> And, to the judgement which thou hast
> Commanded, wake for me.

NARRATOR 5   Medieval Scotland abounded in folklore and superstition and the pagan beliefs which stretched back into the mists of time.

NARRATOR 4   Yet during the great changes and upheavals of the fifteenth to the seventeenth centuries, a time of Reformation, Counter Reformation and religious wars,

NARRATOR 3   A new obsession swept Europe . . .

NARRATOR 2   The witch hunt.

NARRATOR 1   Witchcraft was not new, but the persecution of it, for its own sake, was.

NARRATOR 2   As the Church sought to root out all forms of heresy and pagan superstition . . .

NARRATOR 3   . . . and brand them as the work of Satan.

NARRATOR 4   Nearly every country in Europe, Catholic and Protestant, became obsessed with the fear of witches and devils in their midst.

NARRATOR 5   Across Europe, at least one hundred thousand people, including children, were hung or burned, though that number could be far higher as not all executions were recorded and many records were lost.

NARRATOR 1   At the height of the frenzy, mass burnings took place in Germany, France and Spain, and some towns were left without any women.

NARRATOR 4   And Scotland was also consumed by the witch mania.

NARRATOR 3 It has been estimated that at least two thousand people, about eighty per cent of them women, were executed for witchcraft in Scotland between the late sixteenth and the early eighteenth century,

NARRATOR 5 Though some have put the figure much higher than that.

NARRATOR 2 However, one of the earliest and most extraordinary trials on record took place in 1576, well before the great witch hunts that began later that century.

[*Humming fades out.*]

NARRATOR 5 In many respects this case is unique.

NARRATOR 1 It is the story of Bessie Dunlop of Lynn, in the parish of Dalry, Ayrshire.

[*Cast face the* MINISTER *with their heads bowed.*]

MINISTER God's judgement has again descended upon us wi mair daiths fae the land-ill since last Sabbath, a time tae heed the warnin in the book o Ezekiel: 'he that is far off shall die of the pestilence, and he that is near shall fall by the sword, and he that remaineth . . . shall die by the famine. Thus will I accomplish my fury upon them,' sayeth the Lord.

[MINISTER *and congregation exit humming the psalm. Those who appear in the next scene remain behind.*]

Scene Two – Bessie's House

[*Bessie's man,* ANDRA JACK, *is lying on the bed, while she walks up and down with her sick baby. Her other two children are lying in bed.*]

NARRATOR 1 Andra Jack of Lynn was one of the tenants on the 'six-merk land' called Lynn, within the Barony of Dalry, which was part of the estate of Lord Boyd of Kilmarnock.

[ANDRA *moans and* BESSIE *crosses to him.*]

NARRATOR 2 His wife, Elizabeth Dunlop, better known as Bessie, was the local skeelywife (a healer) and howdie, (a midwife).

[NARRATORS *exit.* BESSIE *eventually gets the baby to sleep and lays it down in the cot.* ANDRA *starts moaning and* BESSIE *fetches a cold cloth to wipe his brow. A knock comes to the door and* MAGGIE JACK *enters.*]

MAGGIE Has his fever no broken yet, Bessie?

BESSIE Naw Maggie, he's still burnin wi it.

MAGGIE How are the weans?

BESSIE The lassies are fine, but the bairn's awfae seik.

MAGGIE Sorry, Bessie, but I wis hopin ye could help ma weans.

BESSIE I cannae even help ma ain bairn.

MAGGIE God bless the wee sowl.

ANDRA [*gibbering*] It wisnae me! Didnae dae it! Ken nuthin aboot it!

BESSIE Andra, calm yersel doon. There noo.

ANDRA Whit dae yous want fae me?

BESSIE Andra, it's me.

MAGGIE Oh dear, he's haiverin.

BESSIE An here's Maggie, yer brither's wife.

ANDRA Mither, licht the fire. I'm freezin. [*trying to get up*]

[MAGGIE *and* BESSIE *push him back onto the bed and try to soothe him.*]

BESSIE There noo Andra, calm yersel doon. [*Mopping his brow until he dozes off, still mumbling.*] There, he's ready for sleepin noo, Maggie.

MAGGIE Ay, that wid help him, an it wid help you tae, Bessie

BESSIE True, but I'll need tae gether some herbs tae mak a hot brew for him.

MAGGIE Aw richt Bessie. I'll stey till ye get back.

[BESSIE *sits still for a moment, then crosses to look at the baby. She picks up a small bag and is about to exit when her older children waken.*]

AILIE Is he no ony better, Mammy?

JEANIE Whaur are ye gaun, Mammy?

BESSIE I'm awa tae gether some herbs tae mak yer Daddy better. Maggie's gonnae stey wi yous. Noo get back tae sleep. I'll no be lang.

[BESSIE *kisses the children and exits.*]

Scene Three – Monkcastle Woods

[*A whistle or flute plays the 'Fine Flooers' tune slowly and quietly in the background.* BESSIE *walks slowly, leaning on her stick and sobbing. She bends down to pick some leaves from a plant which she puts in a small bag. She starts talking to herself, then gradually drifts into a conversation with someone who may or may not be there.*]

BESSIE It was aboot the Monkcastle Well that ma mither used tae gether plants an she often met auld Tam Reid there, for he kent aw aboot herbs an roots. Mither aye said he often jist appeared oot o naewhaur. She liked his auld farrant weys an how he aye said 'God speed ye guid wuman.'

[*She goes on bending down, picking plants as an old man appears in the shadows behind her and slowly draws closer to her.*]

TAM God speed ye guid wuman.

BESSIE God speed ye guid man. [*She doesn't look up.*]

TAM Why are ye greetin sae sair, lassie?

BESSIE [*still kneeling*] Oh, ma man has the fever an ma wean's no weel, an I'm sae weak masel that I can hardly stey awake.

TAM Hae ye made yer peace wi God Bessie, for we never ken when He will summon us?

BESSIE [*gets up slowly*] I ken that only too weel.

TAM Noo lassie, stop yer greetin an mak a hot brew wi some o they herbs, an a wee pickle o this root. An if ye yaise clear, caller watter fae the wee well there, the fever should pass fae yer man in a day or twa.

BESSIE An the wean? The wee soul's jist twa weeks.

TAM [*slowly*] Then I'm sorry lass, but . . . I doot he's owre young . . .

BESSIE [*in tears*] O ma puir wee laddie. It's gey hard tae thole.

TAM But tak hert, Bessie, for there's nae reason why Andra shouldnae get better, if ye leuk efter him.

BESSIE Ay, I better hurry hame, but we'll meet again.

TAM Ay Bessie, we will, for yer mither wis a guid auld skeelywife. God speed ye guid lass.

[BESSIE *turns to go but, when she turns back,* TAM *has disappeared. She looks around, a bit puzzled, then exits slowly. A few bars of 'Fine Flooers' fade out.*]

Scene Four – The Lynn Drying Green

[*'Sprig o Rowan' fades out as* JENNIE *and* LIZZIE *enter carrying baskets of washing.*]

JENNIE An awfu shame aboot Bessie's bairn, eh Lizzie?

LIZZIE Ay, the puir wee sowl, but I hear her man's on the mend.

[MAGGIE JACK *enters*]

JENNIE Oh hallo Maggie. How's the weans?

MAGGIE An awfu lot better, thanks.

LIZZIE Did Bessie's mixture help?

MAGGIE Ay, it saved them.

LIZZIE Here, dae ye think she could hae a leuk at ma boy's leg? It's aw gangly an gowpin.

MAGGIE I'll tell Bessie as suin as I get hame.

JENNIE She's that guid a neebour, so she is.

MAGGIE Ay, I couldnae ask for a better guid-sister.

JENNIE Whit wid we dae withoot her, eh?

LIZZIE Here, hae ye's heard aboot Wee Jintie?

JENNIE No again! It's no that long since her last ane.

MAGGIE Ay, she must hae aboot . . . [*counting out*] a dizzen by noo.

LIZZIE An it'll no be her last!

MAGGIE An Bessie or her auld mither brocht them aw intae the world.

LIZZIE Ay she wis a richt guid auld skeelywife tae.

JENNIE She wis that, but here we better get oor washin hung oot tae dry.

LIZZIE We'll mibbie see ye later on then, Maggie.

[*They move off to hang up or collect washing in the background as* BESSIE *enters.*]

MAGGIE Oh hallo Bessie. We were jist talkin aboot ye.

BESSIE Hallo Maggie.

MAGGIE Ye seem tae hae helped a wheen o folk wi that brew.

BESSIE Ay, but I couldnae save ma ain wee boy.

MAGGIE That wisnae your faut, Bessie.

BESSIE Mibbie no, an there's naethin I can dae tae bring him back. Onywey, how's your weans the day, Maggie?

MAGGIE They're fine, thanks, nearly better. Here, afore I forget, Lizzie Wilson wis askin if ye could hae a leuk at her boy's leg.

BESSIE I'll see whit I can dae.

MAGGIE Oh ay, an John wis askin me if ye could dae somethin wi a seik coo in oor byre.

BESSIE I can see tae bairns an beasts aw richt, but . . . I cannae . . .

MAGGIE Whit dae ye mean?

BESSIE I'm jist no suir aboot some o the things that folk come askin for.

MAGGIE But if some folk are peyin ye for help, ye're helpin yer ain weans, for they need help tae, wi the wey Andra's been.

BESSIE Ay, that's true. He's still awfae easy tired.

MAGGIE Are ye gaun hame then?

BESSIE Naw, I'm gaun doon tae Monkcastle tae gether some plants. I'll mibbie see ye later on.

[*They both exit, going their separate ways. The other women finish their work and leave.*]

Scene Five – Monkcastle Woods

[*A whistle plays 'Fine Flooers' quietly in the background.* BESSIE *is picking herbs and again drifts into a conversation with* TAM.]

BESSIE Ay, I saved ithers, but no ma ain bairn.

TAM Hae faith, guid lass.

BESSIE Faith in the Lord, ye mean?

TAM Ay, but hae faith tae in the auld weys, an the auld cures.

BESSIE Faith in whit I've learnt.

TAM Ay lassie, ye hae the howdiewife's gift o bringin weans intae the world, an the skeelywife's healin hauns . . .

BESSIE That helps folk tae get better.

TAM Ay, an the magic aw aboot us in these wuids, like the violets, wild leeks an lily o the valley ye've gethert.

BESSIE For they'll bring guid tae folk if ye ken how tae yaise them.

TAM Indeed ay, but ye'll need a lot o faith in yersel tae, for some folk'll test that faith sairly.

BESSIE But whit shid I say tae folk that want help wi ither things?

TAM Gie them yer help if it's within yer pooer, but it wid be better if they didnae ken whaur some o that help came fae.

BESSIE Ay, I'll no tell onybody. I'll neer whisper yer name tae onybody.

TAM Ye'll need tae try some tongue-leafed fern fae ablow the Elfhame caves on the the Dusk burn. Yer mither aye said it was awfu guid for easin troubles o the hert, an could even mak ye invisible!

BESSIE I'll need tae hae mind o that for it micht come in handy!

[*She laughs and turns round to look at him but he has gone.*]

BESSIE Ay Bessie, but ye'd better get aff hame, for ye cannae staun here bletherin wi shaddas aw day.

[*Whistle music fades out.*]

Scene Six – Aw Roun the Countryside

[*A group of about six enter singing the chorus of 'Sprig o Rowan' as they take up positions.*]

NARRATOR 1 In the Scotland of Bessie's day, charms, spells and superstitions were a natural part of rural life.

NARRATOR 2 Folk medicine relied on the popular belief in such charms as well as in the use of herbs.

NARRATOR 3 The 'skeelywife', whose skills might range from midwifery to veterinary practice, was an important figure in most communities.

NARRATOR 2 Such women often possessed wisdom and skills proven in centuries of use, especially in childbirth and 'women's troubles'.

NARRATOR 1 Thus Bessie Dunlop became well known as a skeelywife who was good at treating a variety of human or animal ailments.

[*They all sing verse 1 and the chorus of 'The Ballad o Bessie's Brew.'*]

THE BALLAD O BESSIE'S BREW

> If it's yer ills ye want tae cure
> Ye neednae sit an greet.
> Guid Bessie Dunlop's potions pure
> Will pit ye on yer feet.
>
> CHORUS:
> *Oh if ye'll tak a wee wee drap*
> *O Bessie's magic liquor,*
> *Jist hauf a cup'll pick ye up*
> *An mak ye better quicker!*

NARRATOR 3 'Sundry persons cam tae her tae seek help for their coo or yowe, or for ony bairn that was taen awa wi an evil blast o wind or was elf-grippit.'

NARRATOR 4 Bessie's usual treatment seems to have consisted of a root or herb, powdered and taken in a drink, or made into a 'saw' or salve.

NARRATOR 1 'So soon as she rubbit the saw upon the patient, man or woman, or bairn, and it drank it, the bairn wid mend, but if it swat oot, the person wid dee.'

NARRATOR 2 The mair she helped ithers, and the mair her fame spread, the mair was expected o her.

NARRATOR 1 Folk soon stertit seekin her help for aw sorts o things.

[*They sing verse 2 and chorus of 'Bessie's Brew'*]

> Fae Lynn, Kilwinnin an Dalry
> Her fame goes faur an wide,
> Tae Johnstone, Paisley, Irvine toun
> Aw roun the countryside.
>
> CHORUS

NARRATOR 3 And it was not long before her reputation reached the ears of the gentry.

NARRATOR 4 'The Lady Johnstoun, elder, sent to her a servant of the said Lady's, callit Catherine Dunlop, to help ane young gentlewoman, her dochter.'

Scene Seven – Lady Johnstoun's House

[CATHERINE DUNLOP *enters with Bessie.*]

CATHERINE If you'll just wait here, I shall inform my lady I hev brung you fur to see her.

BESSIE Thet's awfully obleeging of you, Catherine Dunlop! An whaur did ye learn tae talk wi bools in yer mooth, hen?

CATHERINE I beg your perdon?

BESSIE Ach never mind, awa an tell Lady Johnstoun I'm here wi the medicine for her dochter.

CATHERINE Will you jist keep mind thet you're in Lady Johnstoun's house, an behive as befoots yer place. [*She exits and* BESSIE *sits waiting.*]

[CATHERINE *returns with* LADY JOHNSTOUN, *her daughter* GRIZELL *and the* LAIRD OF STAINLIE.]

LADY J. Just sit doon here Grizell dear, an tak the wecht from aff of your feet. That was a terrible attack ye had jist noo. Wasn't it dear? Oh hallo Mrs eh . . . it's awfully good o ye tae come. Oh, this is the Laird o Stainlie. Grizell an the Laird are aboot to be merried. Aren't ye Laird?

LAIRD [*slowly and gloomily*] Ay, we ur.

LADY J. Ay . . . well, it's an awfully worryin time for all of us. Have ye fund oot what's troublin poor Grizell?

BESSIE Weel I think it's mibbie . . .

LADY J. She's fair wastin away to a shadda, so she is.

BESSIE A cauld . . .

LADY J. Ow naw, she's no got the cauld, but she does get awfully cauld at times, don't ye dear?

BESSIE Cauld bluid . . .

LADY J. No, no blood, but terrible wind she's been heving.

BESSIE Cauld bluid . . . aboot . . .

LADY J. Oh, awfully cauld blood, sure ye hev dear?

BESSIE Lady Johnstoun, I'm tryin tae tell ye whit I think's wrang wi her.

LADY J. Oh, I'm maist sorry, but I'm that worried aboot Grizell.

LAIRD [*slowly*] Whit is wrang wi her?

BESSIE It's . . . [*waits*] . . . mibbbie a cauld bluid that goes aboot the hert.

LADY J. Cauld blood aboot the hert?

LAIRD [*very slowly*] Cauld bluid aboot the hert!

LADY J. Oh my! That sounds just awfu. Whit can ye dae for it?

BESSIE Weel I've got a mixture here that ye could try, but I'm warnin ye that it's gey strong an she can only tak a wee wee drap at a time. It's in this jaur, but I'll need some ale an some sugar tae mix it wi.

LADY J. Catherine, run ben tae the kitchen an bring a big jug o ale and the sugar bowl.

[CATHERINE *exits.*]

LADY J. Whit's in the mixture, eh Mrs . . . eh?

BESSIE Ma name's Bessie, ma Lady.

LADY J. Oh ay, but what's in it, Jessie?

BESSIE Weel, there's some cloves an ginger, aniseed an liquorice an some ither things aw mixed thegither in a wee drap o whisky, but we'll jist add some ale tae thin it doon a bit, an a wee drap o sugar, tae sweeten it a bit.

[CATHERINE *returns with sugar and ale.*]

LADY J. Thenk you Catherine.

BESSIE Noo ye hae tae mix an stir it weel. [*Pours a small amount into the mixture and stirs some sugar in.*] Here ye are hen, jist try a wee sip. [GRIZELL *sips very warily.*] Mind she's only tae hae a wee drap at a time, an it'll dae her . . . mair guid if she . . .

LADY J. Oh, that's awfae guid of ye, Jessie.

BESSIE Bessie, ma Lady.

LADY J. Oh I'm really most obleeged tae ye, Je . . . Bessie, an if ye'll jist step this wey, the Laird'll fetch ye the cheese an the peck o meal I promised ye.

[GRIZELL *is beginning to look a bit happier.*]

Noo just you sit here, dear, an tak your medicine, jist like Jessie told you and we'll be back in a meenit.

[*They start to go, but the* LAIRD *is still gawping at* GRIZELL *who is now clearly beginning to like the mixture. He mistakes her smile for a sign of affection, which he attempts to follow up, without success.*]

GRIZELL Mm . . . mm [*sip, sip, slurp*] . . . mm?

LAIRD Eh . . . mm . . . ay, oh ay? Is it guid then?

LADY J. Laird . . . Laird!

LAIRD Eh? Oh. Ay . . . aw richt, [*slowly*] I'm jist comin [*pause*] but I think she's leukin a wee bit better.

[*They exit.* GRIZELL *crosses to the table, pours more of the mixture with some more ale and sugar, which she drinks with growing pleasure. She returns for a refill and gulps it down, followed by a fit of giggles, hiccups and burps. She starts humming 'Bessie's Brew'.* LADY JOHNSTOUN *and* CATHERINE *return and immediately notice a transformation.*]

CATHERINE Oh, Lady Johnstoun, whitever's cam owre Miss Grizell?

GRIZELL Shut yer face, ya snooty wee snotter!

LADY J. Grizell! Really! That's nae way to talk. It must be the medicine. [*examining the jug*] There's no a drap left! Oh Grizell, ye're not yersel!

GRIZELL I've never felt better in all my whole life! [*rises and starts floating around the room.*] I'm stotally scunnert wi this place an everythin aboot it, but . . . [*more burps and hiccups*]

LADY J. Oh my, dearie me!

GRIZELL An one day shoon, a handshome horse on a big white prince will come along an we'll gallop up an awa . . . at the earliest opptun . . . oppertanc . . . opperchance . . . as shoon as possible!

[*She spins around and is caught by the* LAIRD *who is just returning*]

GRIZELL But insteid, I'm landit wi this rich big numptie!

LAIRD Whit?

LADY J. Grizell, really! Have ye nae propriety?

GRIZELL Shove yer propriety up yer bum, mither!

LADY J. Grizell, whitever will the Laird think o ye?

GRIZELL I couldnae gie a fart for whit he thinks!

LAIRD I think she's taen a turn for the worse.

CATHERINE I don't think we should gie her ony mair o that stuff!

GRIZELL That's great shtuff... ashbolutely delooshous! Let me tell yous that I can see clearly noo how things are gonnae be ... that ... that I'm gonnae ... gonnae ... gonnae need the cludgie!

[*Holding her stomach, she dashes off as fast as her legs will take her.*]

LADY J. Oh my, dearie me the day! Oh Laird, whitever must ye be thinkin aboot poor Grizell?

LAIRD [*dead slow*] I think that medicine must've blootered her brains!

[*They are joined by the* NARRATORS *for the next scene and sing verse 3 of 'Bessie's Brew'*]

> So aw ye lads an lassies noo,
> Come an get yer potions
> For Bessie's guid strong herbal brew
> Will soon speed up yer motions!

CHORUS

Scene Eight – The Lynn Drying Green

[MAGGIE JACK *and her neighbour,* MARTHA, *enter carrying washing baskets, followed by* MRS CRAWFURD *of Baidland.*]

MRS CRAWFURD I think Mary'll hae a gey sair time o' it for she's lost twa weans already, speerited awa tae Elfhame so they were.

MAGGIE Nae need tae worry Mrs Crawfürd, for there's naebody mair skeely at bringin weans intae the world than Bessie.

MARTHA Ay, whaur wid hauf the weans in this toon be if it wisnae for Bessie Dunlop?

MRS CRAWFURD Does she dae onythin special?

MAGGIE Weel, she aye jist seems tae ken whit's best, but she does yaise a wee green lace chairm, an sometimes a knotted red threid jist tae help things on their wey, if ye ken whit I mean.

[MARGARET SYMPLE *and* LIZZIE *enter quickly, carrying bundles of washing which they spread out around them as they talk.*]

MARGARET Ay, but she's no sae guid wi a seik beast.

MAGGIE Whit? Ye'll no get onybody better for a seik coo.

LIZZIE Talkin o seik coos, hae ye heard aboot Lady Johnstoun's dochter?

MARGARET Ay, she turnt doon the Laird o Stainlie, an him stinkin rich.

MARTHA But mair stinkin than rich!

MAGGIE An they say she fair affrontit her mither. Her an her posh English weys! Here, that reminds. I hear that Lady Blair is haein some bother wi her servants, Margaret.

LIZZIE Noo, mibbie that's why Lady Blair's sent for Bessie.

MARGARET Has Lady Blair sent for Bessie Dunlop?

MARTHA Ay, she has.

LIZZIE Whit wid Bessie ken aboot the likes o that?

MARTHA Whit does she no ken aboot? There's naebody like her for gettin tae the bottom o a bit o bother.

MARGARET It's time tae . . . time I wis hurryin hame. [*exiting hurriedly*]

MRS CRAWFURD Whit's she runnin awa for?

MAGGIE Mibbie she's had some o Grizell Johnstoun's medicine, eh?

[*All laugh and sing 'The Ballad of Bessie's Brew' chorus as they pick up the washing.*]

NARRATOR 1 Having established her reputation as a skeelywife, Bessie soon found that people expected her to have powers that went beyond the natural,

NARRATOR 2 Such as an ability to resolve certain human problems,

NARRATOR 3 Or to be able to find the whereabouts of things that were lost or stolen.

NARRATOR 4 For many a poor woman it could even be quite profitable to be regarded as a spaewife or witchwife.

NARRATOR 1 The Lady Thirdpairt in the Barony of Renfrew sent to her and speired at her wha it was that had stolen fae her 'twa horns o gowd an a croun o the same, oot o her purse.'

NARRATOR 2 'An efter Bessie had spoken wi Tam, within twinty days she sent her word wha had them and she got them again.'

Scene Nine – The Blair Castle, Dalry

NARRATOR 1 'The Lady Blair in the pairish o Dalry had spoken wi her sundry times aboot some claithes that were stolen fae her.'

NARRATOR 2 'For the whilk she dang an wrackit her ain servants.'

[LADY BLAIR *drags first one servant across the stage and then another one by the scruff of the neck in the opposite direction, followed by some skelps and yelps, offstage. She returns shortly after, followed by* BESSIE.]

LADY BLAIR Thom Reid, the Laird's officer, wid like ye tae hae a leuk at some o his yowes up at the Pencot. [*whispering*] But I wantit tae speir at ye first if ye kent ony mair aboot this ither maitter that I've asked ye aboot afore.

BESSIE So ye still hae a thief tae catch, ma lady?

LADY BLAIR Ay, an I've flytit an skytit aw ma servants, but the claithes still disappear lik snaw aff a dyke.

BESSIE Whit's missin noo ma lady?

LADY BLAIR Even mair things: a pair o sheets, pillowcases, twa pair o stockins, a wheen o linen serviettes, an fower sarks, ma best yins tae.

BESSIE Wha hae ye speired at ma lady?

LADY BLAIR Every ane o them an I've asked auld Wull tae keep an ee on them aw.

[*Raised voices offstage*]

BESSIE Lady Blair, is there ever onybody else in the hoose?

LADY BLAIR Only ma ain faimily, an Margaret, but . . .

BESSIE Margaret?

LADY BLAIR Margaret Symple.

[*More shouts offstage and the sound of crockery being smashed*]

BESSIE Oh, that Margaret. Dae ye trust her, ma lady?

LADY BLAIR She's ma kinswoman's lassie, an gey able. I widnae think . . .

BESSIE Weel, some folk think she's a bit owre able.

[*Offstage we can clearly hear* AULD WULL *arguing with* MARGARET: 'Whit's in that bag ya sticky-fingert wee ferret ye?' *and* 'Mind yer ain business ya bowfin auld bam!']

LADY BLAIR An sometimes a sherp-tongued wee madam!

BESSIE I dinnae like speakin ill o onybody ma lady, but . . .

LADY BLAIR Ye hae yer doots aboot her?

BESSIE Ay, ma lady.

[LADY BLAIR *rings a bell and* AULD WULL *hurries in, out of breath.*]

LADY BLAIR Wull, tell Margaret Symple I'd like a word wi her.

[AULD WULL *exits.*]

Ye ken, noo that I think aboot it, she's aye awfu ready tae blame ithers.

AULD WULL [*sounds of crashing pots offstage*] Come back here this meenit ya flichty wee nippynebs ye!

MARGARET [*offstage*] Awa an jump aff the castle waa, ya manky auld minger!

LADY BLAIR I dinnae like the soun o that. [*moves toward door*] Whit's gaun on doon there?

[*She exits briefly and returns with* AULD WULL, *who is out of breath and holding his ear.*]

AULD WULL I'm sorry ma lady, she wallopt me on the lug an scurriet aff doon the road, lik a rat fae a hole, afore I could lay ma hauns the wee b . . . I caught her wi a bag fu o stuff.

LADY BLAIR The sleekit wee besom! Oh, ye can trust naebody these days.

AULD WULL Ay, ye neer said a truer word, ma lady.

LADY BLAIR I doot I've been blin tae whit's been in front o ma een.

BESSIE Sometimes, ma Lady, we only see whit we want tae see.

LADY BLAIR She took a lend o me, but she'll neer daurken ma door again. Onwey, thank ye Bessie. Efter ye've seen tae Thom's yowes, come doon tae the back door an I'll hae some claithes an shuin ready for yer weans.

[*Exeunt*]

[NARRATORS *return and sing the second verse of 'The Ballad of Bessie's Brew'*]

> Fae Lynn, Kilwinnin an Dalry
> Her fame goes faur an wide
> Tae Johnstoun, Paisley, Irvine toun
> Aw roon the countryside.

Scene Ten – Bessie's House

NARRATOR 1 Thus Bessie's reputation for finding stolen goods soon spread.

NARRATOR 2 And her 'powers' were much sought after by people in authority.

NARRATOR 3 'James Cunninghame, Chamberlain of Kilwinning, cam to her aboot some baurley that was stolen furth of the barn of Cragance.

[BESSIE *is sweeping the floor with a broom when the sound of singing is heard outside.* ANDRA JACK *enters with two cronies:* WULKIE *and* ELKIE, *carrying a sack.*]

ANDRA Oh ye're there Bessie hen. It's jist me an the lads, Elkie an Wulkie. Come in boys an we'll hae a bit crack an . . .

BESSIE Whit's that ye've got?

ELKIE [*taking a large bottle out of the sack*] Jist a wee drap o usqueba.

BESSIE Whisky?

WULKIE Ay, the gowden liquor, Bessie.

BESSIE An whaur did ye get the money for whisky?

ANDRA We didnae need money.

WULKIE We fun it!

ELKIE Wulkie fun a cave fu o whisky!

BESSIE A cave fu o . . . whisky?

ELKIE He can sniff oot whisky fae miles awa.

ANDRA Ay, they were comin back fae the Blair Mull, an jist afore they crossed the Dusk Burn . . .

WULKIE I stertit snowkin the air . . . an smellt a braith fae heiven . . .

ELKIE Ay, an afore ye could say hauf a gill, he let oot a howl, for he aye does that when he smells whisky.

  [ELKIE *uncorks the bottle and holds it up.*]

WULKIE [*howling like a wolf*] Aaaaoow!

ELKIE See whit I mean?

BESSIE An whaur wis the whisky?

ANDRA In the Elfhame Caves, doon in the Dusk Glen.

ELKIE Ay, a cave fu o gowden dewdraps, the watter o life. Jaurs an bottles o usqueba, covert owre wi straw.

WULKIE Mibbie it wis the elf folk that made it, for that's whaur they like tae byde.

ANDRA Naw, no wi aw the sacks o baurley, an a still at the back o the cave.

BESSIE An dae ye mean tae tell me, ye jist lifted a bottle o whisky?

WULKIE Naw Missus . . . three!

BESSIE Ye'll hae the law roon here efter ye.

ANDRA Nae fear o that, Bessie.

ELKIE Ay, an they'll never miss a bottle or twa . . . or three.

WULKIE An we'll no tell naebody.

BESSIE Ye should tell the Sheriff Officer, Jamie Dougall.

ELKIE Whit? An kill the goose that lays gowden eggs?

ANDRA It widnae surprise me if Jamie Dougall had somethin tae dae wi it.

BESSIE Weel, I've got work tae dae. Andra, I'm gaun doon tae Maggie's for the weans, but I'll no be lang.

ANDRA It's aw richt hen, tak yer time.

BESSIE Noo, dinnae you be drinkin ony mair o that whisky, for ye'll hae tae watch the weans later on.

[BESSIE *exits*]

ELKIE Here's tae ye, Andra.

ANDRA An here's tae the goose that lays gowden eggs.

ELKIE An here's tae Wulkie's neb.

ANDRA Noo gie's yer sang, Wulkie.

[*They start singing 'Anither Gless o Whisky'.*]

JOHN HODGART

ANITHER GLESS O WHISKY

The noble in his castle braw
Has servants, flunkies, gowd an aw,
But often croaks jist like a craw
Withoot his gless o whisky o.

CHORUS:
For baurley bree ye'll hear the cry,
Fae Shetland tae the Borders ay,
In ilka howf we like tae try,
Anither gless o whisky o.

When smitten wi the cauld an sneezes,
Sniffs an snotters, coughs an wheezes,
Seized wi shivers, fevers, freezes,
Ye need a dram o whisky o.

CHORUS

An if ye fear yer end has come
Or ye're sair aw owre an feelin glum
Get yersel richt aff yer bum [*all stand und dance*]
An grab a gless o whisky o.

CHORUS

[*Half way through the chorus we hear a loud knock on the door and they panic.* WULKIE *tries to hide the bottle, but gets a finger stuck in the neck. He is trying to get it out when they notice that* JAMES CUNNINGHAME *is looking round the door.* WULKIE *puts the bottle behind his back.*]

CUNNINGHAME Guid day tae ye. I wis directit here tae see Bessie Dunlop.

ANDRA Eh? Oh, were ye noo?

CUNNINGHAME Ay, ma name's James Cunninghame, fae Kilwinnin.

[*He holds out his hand, which* ANDRA *shakes apprehensively.*]

ANDRA I'm Andra Jack, Bessie's man, an he's Elkie, an that's Wulkie.

[ELKIE *acknowledges him, but* WULKIE *grins vacantly at him.*]

CUNNINGHAME I wis tellt that yer wife can fin things that've been stolen.

ANDRA Ay, weel, eh, sometimes.

ELKIE Whit wis it ye lost, Mr Cunninghame?

CUNNINGHAME Baurley.

[WULKIE *nearly has a seizure.* ELKIE *slips behind him to safeguard the bottle.*]

ANDRA Baurley?

CUNNINGHAME Ay, twa dizzen sacks. I ken it's a wild goose chase, but it's ma responsibility tae . . .

ANDRA Respon . . . sib . . . ib?

CUNNINGHAME Ay, I'm the Chamberlain o Kilwinnin.

[WULKIE'*s legs give way and he has to be held up by* ELKIE. WULKIE *starts sobbing.*]

CUNNINGHAME Is yer frien aw richt? He's no leukin awfae guid.

ANDRA He's . . . jist had some awfae bad news.

ELKIE An he disnae usually say much, but a deep thinker so he is.

CUNNINGHAME They say still watter rins deep.

WULKIE [*hoarse whisper*] Still watter! Oh God, he kens!

ANDRA [*trying to cover up*] Ay, mibbie Bessie kens but I'm no suir . . . aboot the baurley I mean.

CUNNINGHAME I hope sae, for she's ma last hope. I've searched aw the mills fae Dalgarven tae Cauldstream.

[BESSIE *enters with* AILIE *and* JEANIE *who sit in a corner, playing with their dolls.*]

BESSIE Am I bein talked aboot?

ANDRA Thank God ye're here, Bessie . . . jist in time . . . tae help Mr Cunninghame. He's lost some baurley. [*signalling to* BESSIE.]

CUNNINGHAME Dae ye think ye'll be able tae help me?

BESSIE Funnily eneugh, I've jist heard aboot it, an believe it or no, a wild goose flew by an cackled in ma lug whaur it micht jist be. If ye gae up the Dusk Glen, jist doon fae the Blair Mull, an leuk in the Elfhame caves, yer baurley could weel be in there, for it's an auld hidin place.

CUNNINGHAME Thanks. I'll go up there right noo an if I fin it, I'll see ye're rewardit.

BESSIE That's kind o ye sir, is it no Andra?

ANDRA Eh, ay, oh ay!

WULKIE [*collapsing in tears*] Aw naw, oor gowden goose has flew awa!

CUNNINGHAME [*about to leave*] Yer frien's in a bad wey. Mibbie he needs a guid dram tae put him back on his feet. Guid day tae ye. [*he exits.*]

BESSIE Ach, ye've still got plenty an Cunninghame'll reward us. We're needin the money, Andra!

ANDRA Ach, mibbie it's turned oot no sae bad, when ye think aboot it.

[BESSIE *exits to fetch something.*]

ELKIE Ay, come on Wulkie, we micht as weel enjoy whit we've got.

[WULKIE *rises and looks at his finger well and truly stuck in the bottle.*]

ELKIE But we'll neer enjoy it if ye dinnae get the finger oot!

[*They struggle to extract his digit and eventually succeed.* WULKIE *sits sucking his finger and the others pour drinks. They sing the last verse and chorus of 'Anither Gless o Whisky', along with narrators and actors for the next scene.*]

> The kirk's an awfu dreich bit place.
> When the Meenister lifts up his face
> An preaches tae the human race
> It's a sin tae drink the whisky o.
>
> CHORUS

[BESSIE *returns, carrying a brush or broom and grabs one of the bottles.*]

BESSIE Richt, shift yersels! I've got a lot o work tae dae. If ye're sober, Andra, bring the coo up for mulkin afore I go to see Isa aboot somethin that's troublin her. You twa, oot o here! [*lifting her brush to warn them.*] Ye've had yer fun. Noo, gaun, beat it!

[ELKIE *and* WULKIE *leave as hurriedly as their legs can carry them. They take a bottle each and leave the remains of the third one with* ANDRA, *which* BESSIE *takes from him.*]

BESSIE I can yaise this for some o ma cures.

[*Exeunt.*]

Scene Eleven – William Blair's House

NARRATOR 1 Thus Bessie became well known as a sort of spaewife.

NARRATOR 2 There was one occasion, however, when she seems to have departed from her usual practice of curing ills and finding stolen goods.

NARRATOR 3 And may have expressed an opinion on a very delicate problem indeed.

NARRATOR 1 A marriage problem.

NARRATOR 4 'The eldest dochter of William Blair of the Strand was contractit and shortly to be marriet to the young Laird of Baidland,' Andrew Crawfurd.

[WILLIAM BLAIR *lies snoring at the fire. There is a knock at the door which is repeated two or three times. He does not waken until his daughter* JANET *eventually enters.*]

JANET Faither there's somebody at the door.

BLAIR Eh? Whit's that?

JANET [*louder*] I said there's somebody at the door!

BLAIR Whaur's Gibby? Gibby . . . Gibby! Are ye deef?

GIBBY [*offstage*] I'll be wi ye in a meenit sir. There's somebody at the door.

BLAIR I ken there's somebody at the door, ya doitit auld dooley!

[GIBBY *enters slowly.*]

BLAIR Weel, wha is it?

GIBBY It's ma sister Isa, wi a message fae Bessie Dunlop o the Lynn.

BLAIR Whit's the message?

GIBBIE I've nae idea.

BLAIR Weel, go an ask her, ya eejit!

[GIBBY *exits slowly.*]

BLAIR If he didnae hae a wey wi pigs, I'd hae got rid o him years ago!

JANET He'll aye be busy enough in this hoose then.

BLAIR Eh? Whit did ye say?

JANET Nuthin, faither.

[GIBBY *returns slowly.*]

BLAIR Weel, whit is it?

GIBBY She wants a word wi Miss Janet.

JANET Wi me? Whit aboot?

BLAIR Whit does she want wi her?

GIBBY She hasnae tellt me yet. Will I go an ask her again?

BLAIR Naw, naw, go an bring her in here, ya glaikit gomeril ye!

[GIBBY *exits slowly.*]

JANET Some folk say Bessie's a witchwife.

BLAIR A lot o stupit blethers. Her auld mither brocht ye intae the world, an there's naebody better for curin a seik beast than Bessie.

[GIBBY *returns slowly.*]

GIBBY It's only Miss Janet she wants tae speak tae, an no onybody else.

BLAIR I'm no onybody else, I'm her faither.

GIBBY Weel, she'll no tell ye.

BLAIR Awa an tell her if she's got a message for ma dochter, I want tae hear it as weel. An I'll no be shiften oot this chair until I dae.

[GIBBY *exits slowly.*]

BLAIR Noo, I wunner why she disnae want me tae hear aboot it?

[*Raised voices off and* GIBBY *returns slightly quicker.*]

GIBBY Laird, Laird, ye'll hae tae come quick. There's twa poachers doon in the wuids.

BLAIR Whit? Poachers? It'll be Johnie Blak's boys again. They're aye thievin somethin!

[BLAIR *exits as fast as he can.* GIBBY *watches him go and then ushers* ISA *in.*]

GIBBY Come in Isa. The Laird'll no be back for a wee while.

[ISA *enters reluctantly.*]

JANET Ye wid like a word wi me?

ISA It's . . . a kin o private maitter, Miss Janet.

JANET Oh is it indeed? Richt Gibby ye can go noo. [GIBBY *starts to go.*]

An nae listenin ahint the door.

[GIBBY *exits very slowly, but is clearly listening behind the door.*]

JANET Weel, whit is it that ye want tae tell me?

ISA Janet hen, I helped tae nurse ye, an I widnae like tae see ye hurt.

JANET Whit dae ye mean?

ISA I hear ye're tae be mairrit tae young Crawfurd o Baidland.

JANET Ay, an whit aboot him?

ISA Oh Janet, I've heard . . . folk sayin, eh . . . awfu bad things aboot him.

JANET Whit kind o awfu bad things?

ISA Oh, I fear it's true., Miss Janet

JANET [*angrily*] Whit's true?

[GIBBY *returns much quicker.*]

GIBBIE Were ye wantin me Miss Janet?

JANET Naw, but since ye're here, ye micht as weel fetch Crawfurd. He's mibbie in the stables. Tell him I'd like a word wi him.

[GIBBY *exits slowly.*]

JANET Richt, noo Isa, ye hae somethin tae tell me.

ISA Oh Miss Janet, Bessie tellt me that young Crawfurd'll bring ye naethin but sorra.

JANET In whit wey?

ISA She said he'll drive ye tae somethin awfu.

JANET How? Whit kin o thing?

ISA Oh Miss, she says he'll drive ye clean skyte, the wey he cairries on!

JANET Drive me skyte?

ISA Drive ye clean aff yer heid Miss . . . till ye wantit tae kill yersel . . . throw yersel owre the Lynn Falls!

JANET Kill masel!

ISA I'm sorry Miss, but I'm only tellin ye whit Bessie . . .

JANET Throw masel owre the Lynn Falls?

ISA Bessie can tell how things are gonnae turn oot, Miss Janet.

JANET I hae some doots aboot him, but . . . this is frichtsome.

[CRAWFURD *enters with Miss* ELSPETH BLAIR.].

CRAWFURD Whit's gaun on here?

JANET Jist whit I was wantin tae ask you Crawfurd. Whaur hae you twa been?

ELSPETH Jist in the stables. Crawford wis groomin his mare.

CRAWFURD Then me an Elspeth went for a wee . . . dauner . . .

[GIBBY *returns nuch quicker*]

GIBBY I doot the laird'll no fin ony poachers noo, eh Crawfurd?

CRAWFURD [*giving him a dirty look but keen to change the subject*] Eh, whit are you daein here?

ISA I'm sorry sir . . .

CRAWFURD Whit for?

ISA Eh . . . I've upset Miss Janet.

CRAWFURD Ach, she taks offence at nuthin!

JANET Offence . . . at nuthin!

[*Enter* BLAIR, *out of breath and angry.*]

BLAIR [*coughing and spluttering*] If I get ma hauns on them, I'll . . . I'll . . .

GIBBY Did ye no catch the poachers, Laird?

BLAIR Poachers! It wisnae poachers, but a young couple, an they were up tae nae guid, I can tell ye! I chased them but I couldnae catch them. A big fella, aboot your size Crawfurd . . .

GIBBY Laird, I think ye'd better sit doon. It's no guid fur ye tae . . .

BLAIR No guid fur me! It'll no be guid fur him if I get ma hauns on him.

GIBBY Laird, calm yersel doon.

BLAIR I'll kick his backside fae here tae the tap o Baidland hill!

GIBBY Laird!

BLAIR Whit?

GIBBY Sit doon! [*helping him into chair.*]

BLAIR [*noticing* ISA *who has been trying to sneak out*] Are ye still here, Isa?

GIBBY She wis jist gaun. I'll see her tae the door.

BLAIR Let her be! Whit was yer message, Isa?

JANET She tellt me that I'd be better aff haein nothin tae dae wi Crawfurd because . . . he's a . . . a lyin, cheatin . . .

CRAWFURD Ya cheeky b . . . !

JANET An I think she spoke the truth.

CRAWFURD [*turning his anger on* ISA] Whit dae ye mean, ya gossipin bitch ye, comin here tae blacken ma guid name? I'll report ye tae the kirk elders, an they'll suin hae ye in irons.

[ISA *tries to hide behind* GIBBY.]

BLAIR Ye'd better see yer sister oot Gibby, for I think she'd like tae get hame.

ISA Thank ye Laird . . . I'm awfu sorry, hen.

[*A cold silence, after* GIBBY *exits with* ISA.]

BLAIR Weel, weel, this is a braw mess we're in, is it no Crawfurd? An whit'll yer uncle, the Reverend Crawfurd, hae tae say if I tell him that . . .?

CRAWFURD Ye dinnae believe whit that stupit wifie had tae say, dae ye?

ELSPETH Silly auld gabbymooth. Everybody kens whit Andra's like!

JANET An whit is he like, Elspeth? Mibbie ye'll ken better than me?

CRAWFURD You better learn tae haud yer tongue, madam.

JANET Oh, we're seein the real Crawfurd noo!

CRAWFURD An think yersel lucky ye're engaged tae a Crawfurd!

BLAIR An you think yersel lucky ye're engaged tae a Blair!

CRAWFURD It doesnae leuk as if Janet wants me.

BLAIR Naw, mibbie no Janet, but Elspeth wull, for if ye've made yer bed, ye'll lie in it!

CRAWFURD An does the same contract an the same tocher go wi her?

BLAIR I think we'll wait an see whit happens in a few months time, an in the meantime, ye'd better keep yer mooth shut.

[GIBBY *returns.*]

GIBBY [*as he enters*] I've seen Isa oot the gate, Laird. She's awfu sorry for tellin ye whit Bessie Dunlop said.

CRAWFURD So it came fae that bitch! Some day she'll be sorry she opened her mooth.

BLAIR Ay, the truth hurts, eh Crawfurd!

CRAWFURD Come on Elspeth. We're no wantit here!

[CRAWFURD *and* ELSPETH *exit, followed by* BLAIR *and* GIBBY. JANET *is left on her own to sing 'I had a Love', or alternatively someone else sings it in the background.*]

I HAD A LOVE
[*'Bessie's Brew' tune, slower and sadder*]

I had a love I thocht ma ain
But prood an vain was he,
Sae fae ma hert he noo is gane
An he'll neer be looed by me.

CHORUS:
Intae ma hame, a carlin came,
Her warnin lit a fire,
A painfu truth that brocht us shame
For Crawfurd was a liar.

So in his hoose I willnae byde
An scorn whiteer he said,
But Elspeth noo stauns by his side
An I'm the ane betrayed.

She'll bind the flooers in her hair
Tae please her lover fine,
An vows he'll mak tae her sae fair
Wha promised he'd be mine.

CHORUS

[*During the last verse and chorus,* ISA, *looking rather worried, crosses behind* JANET *to speak to* BESSIE *and* MAGGIE, *before turning to look at* JANET *and leaving slowly.*]

END OF ACT ONE

ACT TWO

Scene One – Dalry Kirk

[*Humming of Psalm 7 and fade out. The cast stand with heads bowed facing the pulpit.*]

MINISTER Oh ye sinners slitherin intae the burnin pit o Hell, worshippin Satan in yer heathen customs at Halloween an Yuletide, or dancin wi the Deil in the flames o Beltane, or makin pagan offerins at ungodly places like the Aitnock Well. An furthermair, Lucifer's filthy sangs an music hae left this toun reekin wi drunkenness an fornication.

[*Blackout and sudden drunken burst of 'Anither Gless o Whisky'.*]

Scene Two – Irvine Market Day

[*Busy street scene, with chapmen, jugglers, buskers, beggars, etc. Street musicians strike up a jaunty version of the 'Whisky' song and some of the crowd begin to dance. As it finishes, and the noise dies down.* NARRATORS *come forward.*]

NARRATOR 1 By now, Bessie's reputation for recovering stolen goods had become legendary throughout Ayrshire and the neighbouring counties.

NARRATOR 2 'Being demanded of William Kyle, burgess o Irvine, wha was the stealer of Hew Scott's cloak, a burgess o the same toun,'

NARRATOR 3 She 'answered that the cloak could not be gotten, because it was taen awa by Mailie Boyd, dweller in the same toun, and was pit oot o the fashion of a cloak into a kirtle', or gown.

[BESSIE *and* ANDRA *emerge from the crowd.*]

BESSIE Noo listen Andra, I'm gaun doon tae the luckenbooths tae buy somethin for Ailie and Jeanie, but I've still tae meet Kyle an tell him . . .

ANDRA An I'll need tae gae owre tae the inn for a jug o ale, for I've an awfu drouth on me.

BESSIE Weel, mind an be here afore the mercat shuts, an if I'm no back ye'll hae tae gie Kyle his money an tell him whit's happened tae the cloak.

ANDRA Oh ay, I'll no let ye doon, hen.

BESSIE An keep awa fae Elkie an Wulkie. [*She starts to go.*]

ANDRA Ay, but since it wis them that tellt us whit happened tae the cloak, mibbie it wid be better if Kyle fun oot fae them.

[BESSIE *has gone.* ANDRA *then exits in the opposite direction. As the crowd gradually drifts away,* WILLIAM KYLE *and* HEW SCOTT *emerge from a side-street and hang around waiting for* BESSIE. *Drunken singing and laughter can be heard offstage from the pub.*]

SCOTT I jist hope that I huvnae been peyin ye guid siller for nuthin, Kyle.

KYLE An mind that ye pey me the rest when she brings ye the cloak back.

SCOTT Ay, an I better get it back, for it was ma best ane.

KYLE Weel, they say Bessie Dunlop can fin jist aboot onythin.

[*Sounds of drunken revelry from the nearby pub.*]

SCOTT If we hing aboot this corner much langer, Mailie Boyd an her cronies'll see us.

KYLE Ay, a respectable burgess shouldnae be seen keepin company wi the likes o her!

SCOTT It's aboot time the law wis pittin dirt like that in their place an teachin them tae hae mair respect for daicent folk.

KYLE She's a wild cat aw richt. I'll neer forget that nicht we met her when we were fu an . . .

SCOTT Ach, will ye shut up aboot that!

[*Sounds of raucous laughter, followed shortly after by* MAILIE *and cronies, including* ELKIE *and* WULKIE, *appearing behind the burgesses, laughing and pointing at them.*]

SCOTT I widnae be surprised if that clanjamfrey ken aboot it, thanks tae your big mooth!

KYLE I huvnae said a word tae naebody!

SCOTT Damn it, Kyle, we've waited here lang enough.

KYLE Ay richt, I'm gaun for the toon constable an we'll soon lay hauns on her.

SCOTT I'll come wi ye. [*looking a bit uneasy, as* MAILIE *and her cronies approach.*]

KYLE Naw, you wait here, jist in case she turns up . . . [*he exits hurriedly.*]

SCOTT Naw, wait! Whit'll I dae if . . .

[MAILIE *and her friend,* JINTIE, *surround* SCOTT, *while* ELKIE *and* WULKIE *watch on.*]

MAILIE It's yersel Hewie ma dooie! [*laughter from her cronies*]

SCOTT Eh . . . ay . . . it is that . . . Mailie.

JINTIE Hewie, ye're really no sish a bad leukin man . . . in the daurk.

ELKIE I daur say ye've had worse Jintie, often!

JINTIE Weel, no that often! [*laughter*]

MAILIE [*lifting her skirts a little*] How dae ye like ma new kirtle, Jintie?

JINTIE Oh ay, it's awfae braw, so it is. Dae ye no think sae, Hewie?

SCOTT Oh . . . eh . . . ay . . . it's . . . it's . . .

JINTIE Noo, Hewie, dinnae be gettin owre frisky.

MAILIE Dinnae fash yersel, Hewie ma dooie. Jist you come wi us an we'll . . .

SCOTT N-n-naw . . . I cannae. I've got tae wait for somebody.

WULKIE Zit onybody we ken, Hewie?

SCOTT Ay, eh, naw!

MAILIE Is it mibbie anither wumman Hewie? Is ane wuman no enough for ye?

[*They all laugh.*]

SCOTT Naw, I mean . . . ay, weel naw . . . no really a wumman . . .

MAILIE No really a wumman!

JINTIE Whit kin o craitur wid that be Mailie?

ELKIE Hey, mibbie she's a horny hairy coo! [*more laughter*]

WULKIE Ish she mibbie fae Dalry by ony chance?

MAILIE Hewie, it widnae be the Dalry witchwife ye're waitin on, wid it?

SCOTT Wha tellt ye?

MAILIE It wis a wee burd, Hewie ma chookie. [*chortles from others*]

JINTIE I've heard she's a richt bad besom.

WULKIE Hey, ye'd better watch yershel there Shewie.

MAILIE She micht turn ye intae a horny golloch or somethin lik...

JINTIE A fat creeshie puddock?

MAILIE Naw, mair like a wee sleekit moose! [*laughter*]

ELKIE Mailie, we'll huvtae go, for we've got tae see a Dalry man aboot some business.

WULKIE Ish been a pleeshure sheein ye Shewie! [*shaking his hand*] But we're awa afore ony witches appear [*guffawing*] an turn us intae horny gollochs! [*making a face, followed by more laughter*]

JINTIE Haud on Wulkie, an I'll come wi ye.

[*Exit* JINTIE *and* WULKIE]

MAILIE Weel, I hope ye get yer cloak back, Hewie.

SCOTT Eh? Whit? How the...

MAILIE It'll be a miracle if ye dae! [*mocking laughter as they exit*]

[*He tries to hide in the growing shadows and is about to exit when* JAMES BLAIR *enters, followed by an inebriated* ANDRA.]

BLAIR Hew Scott?

SCOTT Ay, but wha wants tae ken?

BLAIR I'm James Blair fae Dalry. Yer frien Kyle sent me tae fin ye an tell ye Bessie Dunlop's been taen the Tollbooth Jyle.

SCOTT The jyle? Why?

BLAIR That's whit I wid like tae ken masel, but it seems tae be aboot somethin that wis stolen, accordin tae her man, Andra, here.

ANDRA A cloak got stole, but a cloak nae mair, an isha problem so 'tis.

SCOTT If I've peyed Kyle aw that money for nuthin, I'll . . .

BLAIR We'd better get doon tae the Tollbooth for there's an ugly crowd getherin, an I widnae like tae see ony herm comin tae her.

[*Exeunt hurriedly.*]

Scene Three – Outside the Tollbooth

[WILLIAM KYLE *and a* CONSTABLE *drag* BESSIE *towards the Tollbooth door, followed by an angry crowd, including* MAILIE *and friends, shouting abuse and threatening violence.*]

VOICE 1 Awa back tae Dalry ya witch ye!

VOICE 2 Ay, we dinnae want your kind in oor toon.

MAILIE Jist let me get ma hauns on her!

JINTIE I'll tear the hair oot her heid!

[*They lunge at* BESSIE *and knock her down, but she is dragged to her feet and pulled into the Tollbooth.*]

VOICE 3 It's a hemp rope she's needin!

VOICE 4 An a guid roastin!

MAILIE We'll see she disnae cause ony bother in Irvine again.

KYLE Noo Mailie, ye'd better get hame an lea this tae us.

MAILIE Awa ye go ya durty auld burgess ye! You an yer like are aw the same.

[KYLE *exits hurriedly*]

VOICE 5 Ay, it's time ye were daein mair for the puir folk o the burgh.

VOICE 6 Daicent buddies cannae even gae aboot their lawfu business.

MAILIE They interlowpers are aye causin bother at the Mercat.

JINTIE They dinnae belong here. Time somethin wis duin aboot them.

MAILIE Ye're no even safe in yer ain bed these days.

WULKIE An witches fleein aw roun the countryside.

ELKIE It's terrible times we're leevin in, Wulkie, so it is.

[*Blackout*]

Scene Four – The Tolbooth Jail

[*The noise of the crowd is heard offstage. The* JAILER *leads* BESSIE *into the cell and throws her onto the floor where she lies sobbing.* KYLE *follows them in.*]

KYLE Noo, if ye'll tell the truth an get me ma money, ye'll mibbie get aff wi a birchin!

BESSIE [*on her knees*] I've tellt ye aw I ken, sir. He cannae get the cloak back, but ma man's got yer money for ye doon in The Harbour Inn.

KYLE Mibbie ye are tellin the truth, but Scott's no gonnae like it.

[SCOTT *enters.*]

SCOTT Whit am I no gonnae like?

KYLE She says Mailie Boyd stole yer cloak an made hersel a new kirtle wi it.

SCOTT Are you sayin I've been keepin company wi the likes o Mailie Boyd?

BESSIE I cannae say sir, but she took yer cloak.

SCOTT Ya leein bitch ye! [*he skelps her with the back of his hand.*]

BESSIE Aah!

KYLE Come on, we better fin her man an get oor money back.

SCOTT An ye better watch yer slanderous tongue, ya bitch! [*he kicks* BESSIE *and she curls up holding her side.*]

BESSIE Oh, aah!

SCOTT Jist lock her up jyler, an lea her tae the rats. That shid teach her a lesson she'll no forget.

KYLE Ay, an mibbie she'll learn no tae come here again miscawin the burgesses o Irvine.

SCOTT [*As they leave*] Jyler, ye ken a respectable burgess lik me widnae be seen deid wi the likes o Mailie Boyd!

JAILER Indeed ay sir, I mean naw sir . . . [*after they have gone*] respectable burgess ma bahoochie! [*as he leaves*] I'll bring ye some breid an watter later on, hen.

[*A very drunken version of the 'Whisky' song and the crowd noise gradually subside, until we hear* BESSIE *sobbing quietly. As it grows darker the* JAILER, *holding a candle or lantern, returns with* JAMES BLAIR.]

BLAIR Bessie? Bessie Dunlop? It's me, James Blair o the Strand, brither tae William.

BESSIE Oh sir, I didnae mean tae cause trouble. I've duin naethin wrang.

BLAIR It's aw richt noo lassie. I've come tae tak ye hame.

[*The* JAILER *releases* BESSIE. *She is still sobbing and trembling.*]

BLAIR There noo lassie, calm yersel doon. I'll see ye dinnae come tae ony mair bother.

BESSIE [*sobbing*] I only tellt him the truth.

BLAIR Ye'll be aw richt noo, Bessie. I've settled wi the burgesses, an the toon gaird hae sent the rabble packin.

BESSIE I cannae thank ye enough sir.

BLAIR Ay, Bessie, but ye'll hae tae watch whit ye're daein in a place lik this, for it's no like Dalry, whaur folk aw ken ye.

BESSIE But Kyle came tae Dalry an asked for help.

BLAIR [*as they leave*] Corbies lik them dinnae need your help, Bessie. But I hae tae thank ye for warnin ma niece, Janet, aboot that neer-dae-weel Andrew Crawfurd o Baidland.

BESSIE It wisnae me that warnt her, but onywey, thank ye for yer kindness, sir.

[*Exeunt. Crowd noise and drunken 'Whisky' song fade out.*]

Scene Five – The Lynn Drying Green

[MAGGIE JACK *enters with* LIZZIE, JENNIE *and* MARTHA, *carrying bundles of washing, followed by* ELKIE *and* WULKIE.]

MARTHA Maggie, is it true that Bessie wis pit in Irvine Jyle for speakin ill o some o the burgesses?

ELKIE Ay, we seen it aw, did we no Wulkie?

WULKIE Jist as she says, richt eneugh.

MAGGIE A mob o Irvine tykes an toozies gied her abuse an caused a rammy, but Jamie Blair came tae her help.

ELKIE Ay, Irvine's a wild place – fair lowpin wi tykes an toozies.

WULKIE An Scott wis foamin at the mooth like a mad dug when he fun oot aboot his cloak.

ELKIE Ay an I doot if he got aw his money back, eh Wulkie? [*laughing*]

MAGGIE An she wis tellin the truth fae whit I hear.

ELKIE Ye neer said a truer word, hen.

JENNIE Aw the same, Bessie shouldnae get herself intae things like that.

ELKIE Dinnae go dabblin in things that are nane o yer business. That's whit I've aye said, is it no Wulkie?

WULKIE Yer very words Elkie, yer very words. But we'll need tae go, for we've got tae see a horse aboot a man, eh I mean a man tae see aboot . . .

[ELKIE *and* WULKIE *exit blethering and the women start washing their clothes in the burn.*]

MARTHA They twa wid sell their grannie for the price o a drink.

[ISA *and* MARGARET SYMPLE *enter*]

MAGGIE Onywey, she'll no be back in Irvine for a while.

MARGARET An Irvine folk'll no want her in their toon.

MAGGIE Margaret Symple, everybody kens you've been agin Bessie since ye got yer mairchin orders fae Lady Blair.

MARGARET I left o ma ain free will.

MAGGIE Oh? It must've been an awfu sudden decision then. But some o us hae work tae dae. Honest work! Are ye comin Lizzie?

LIZZIE Eh, I'll see ye later on, Maggie.

MAGGIE Richt, I'm awa hame. Guid day tae ye aw. [*exits*]

LIZZIE Did ye hear aboot whit happened tae Andra Jack in Irvine?

ISA Ay, fu again an cairtit hame aw the road.

MARTHA Bessie's gaun aboot helpin folk an she's got a drunken eejit for a man.

JENNIE But she needs tae stop meddlin in things that she shoudnae be.

LIZZIE An if ye ask me, she wis gey lucky in Irvine.

MARGARET An if she gaes aroun sayin things aboot folk that arenae true, it's nae wunner she gets intae bother.

ISA But she wis tellin the truth aboot Crawfurd, though mibbie she shouldnae hae . . .

MARGARET Bessie Dunlop's gonnae bring us a lot o bother. Mark ma words!

LIZZIE Ay, an her mither wis a richt auld witchwife tae.

ISA An ye aw ken whit the meenister says aboot witches.

ALL They are the sisters o Satan!

[*They gather their washing and sing the chorus and verse 1 of the song*]

THE GUID NEEBOURS

CHORUS:
We are guid neebours tae ane an aw,
We never dae ony herm at aw.
We like tae clack aboot aw that's new,
An dinnae think we've forgotten you!
An dinnae think we've forgotten you!

We are guid neebours tae ilka cheil,
We tell the truth, an we shame the Deil.
We'll mak yer lugs burn wi whit we say.
Sae jist be carefu wi whit ye dae!
Sae jist be carefu wi whit ye dae!

CHORUS

[*If the play is performed in two acts, this might be a suitable place for an interval.*]

Scene Six – Monkcastle Woods

[*'Fine Flooers' tune played quietly in background.*]

BESSIE I had ma doots aboot Kyle, but when Andra fun oot aboot the cloak, I thocht I'd better tell the man aboot it.

TAM Ye should've kept it tae yersel.

BESSIE But I cannae tell folk lees.

TAM There's owre mony seekin his kin o help.

BESSIE Yet whit if folk keep askin me? An if they reward me, that helps us tae get by.

TAM Jist tell them ye ken nocht aboot it an dae withoot their money.

BESSIE But they micht get angry, thinkin I wisnae wantin tae help them, when I've helped ithers.

TAM There'll aye be folk lik that.

BESSIE Ay, an noo Andra tells me that Jamieson an Baird, fae Waterston, want me tae fin out wha stole their plough irons.

TAM Things lik that are for the Sheriff Officer, sleekit Jamie Dougall, tae deal wi, sae keep yersel weel awa fae them.

BESSIE Ay, I can sometimes cure folk's illnesses, but no their ither evils.

TAM These wuids can heal the body an mind, but there are illnesses that Nature cannae cure, lik stupit folk wantin tae blamin ithers for the wrang things they've duin thirsels.

BESSIE An some o ma ain neebours arenae as frienly as they used tae be.

TAM Jist watch yer step, Bessie. Watch yer step.

[*Lights dim as music fades.* TAM *steps into the shadows and exits.* BESSIE *walks away slowly and almost bumps into* ANDRA *who suddenly appears side stage*]

ANDRA Bessie, wha were ye talkin tae?

BESSIE Oh, Andra, ye gied me a fricht! Naebody . . . jist masel.

ANDRA Jist yersel? I thocht I saw . . .

BESSIE Naw, naebody. Jist bletherin awa tae masel. Whit kept ye?

ANDRA I wis up roon the castle, leukin for oor young coo, an I met . . . Elkie an . . .

BESSIE Ye promist tae keep awa fae them.

ANDRA I ken, but I cannae no talk tae them if I meet them.

BESSIE Whit were they efter?

ANDRA Och, nuthin much. Jisk askin . . .

BESSIE Aboot Jamieson an Baird?

ANDRA Naw, weel, no really, tho they did mention them.

BESSIE Weel, jist keep back fae them. They're nuthin but trouble.

ANDRA Ay, I will.

BESSIE Richt, ye better fin the coo. I'll need to go an get the weans.

[BESSIE *exits quickly and* ANDRA *watches her go before heading off in the opposite direction.*]

Scene Seven – The Blair Smiddy

NARRATOR 1 Bessie Dunlop had attracted attention from the local gentry for some time, but, through events in Irvine, it now seemed that she was drawing the evil eye of the law upon her.

NARRATOR 2 'Appliet to by Henry Jamieson and James Baird, in the Mains of Waterstoun, to get them knowledge o wha had stolen their plough irons, fittick (chains) and mussel (bridle).'

NARRATOR 3 Bessie seems to have learned that Jamieson and Baird's plough irons were stolen by Johnie and Geordie Blak, blacksmiths, and 'that the coulter (blade) and sock (ploughshare) were lying in their hoose, betwixt ane muckle ark (box) and a great kist (chest).'

NARRATOR 4 She also seems to have learned that the Sheriff Officer, Jamie Dougall, was involved.

NARRATOR 5 To farming folk, ploughing gear was extremely important and expensive equipment.

[JOHNIE BLAK *and his sons,* GABRIEL *and* GEORDIE, *enter with* JAMIE DOUGALL, *Sheriff Officer.*]

JOHNIE Weel Jamie, thank ye for yer help wi this wee bit o preuch. I believe we agreed on a hunner, did we no?

DOUGALL A hunner an fifty!

GEORDIE A hunner an fifty! That's a lot mair!

GABRIEL Ye're a sleekit auld tod, Dougall.

JOHNIE Wheesht, Gabby. It is a bit mair than whit we said afore, but we'll settle for that, Jamie.

DOUGALL Fine, fine, sae it's aw weel hidden.

JOHNIE It is that Jamie. Ye widnae fin it noo if ye'd a dizzen men.

GABRIEL Ay, Dougall doesnae fin things when ye pey him weel.

DOUGALL Listen ma boy, if it wisnae for yer faither here, I'd hae ye rottin in the jyle afore ye could say Bessie Dunlop!

GEORDIE Whit's Bessie Dunlop got tae dae wi this?

DOUGALL [*looking offstage*] Ye'll mibbie fin oot in a meenit, for yer 'friens' are comin up the road.

GEORDIE Bluidy Hell! It's Jamieson an Baird.

JOHNIE It's time we were shootin the craw.

DOUGALL Ay, ye better lea me tae deal wi them.

[*Exeunt.* JAMIESON *and* BAIRD *enter from the opposite direction.*]

DOUGALL Guid day tae ye, Jamieson, Baird.

BAIRD Ay, Dougall. Hae ye searched the place yet?

DOUGALL I've searched the smiddy, jist as ye tellt me.

JAMIESON An?

DOUGALL I didnae fin onythin. An if ye'll tak ma advice, ye'll stop listenin tae auld wife's blethers.

JAMIESON Auld wife's blethers, is it?

BAIRD I doot there's mair then jist blethers tae whit Andra Jack tellt us, an we'd tae pey him tae get the truth oot o him.

DOUGALL An whit exactly did he tell ye?

BAIRD His wife, Bessie, tellt him whaur oor irons were.

DOUGALL Oh she did, did she?

BAIRD Ay, an she even tellt him they took them awa on a grey horse on a Setturdey nicht, an they've got a grey cuddy roun the back there.

DOUGALL That's nae evidence that wid staun up in coort.

JAMIESON Yer evidence is in there!

BAIRD Come on, we'll no fin it staunin here.

[*They start to leave.*]

DOUGALL Whit's aw yer hurry? Ploo irons arenae gonnae run awa.

[*The* BLAKS *enter furtively from the opposite direction.* GEORDIE *climbs onto a box to watch the offstage search, as if through a hole in the wall.*]

GABRIEL Whit's happenin?

JOHNIE Can ye see them?

GEORDIE Naw . . . oh haud on, I can see them noo.

GABRIEL Whit are they daein?

GEORDIE Nuthin!

GABRIEL They cannae be daein nuthin!

GEORDIE They're leukin.

GABRIEL Whit are they leukin at?

GEORDIE Jist leukin . . . roun aboot.

GABRIEL Whit's happenin?

GEORDIE I cannae see them, but . . . they huvenae fun onythin.

[BAIRD, JAMIESON *and* DOUGALL *enter from the opposite side, unnoticed by the* BLAKS.]

GABRIEL [*picking up a large hammer.*] Jist in case they dae, we better be ready for . . . eh, eh, come doon, Geordie!

JAMIESON Caught them, leukin as guilty as the Deil's weans.

[GEORDIE *falls off the box and lands on top of his brother who has turned round. They scramble to their feet ready for a fight.*]

BAIRD Whaur hae ye hid oor irons, ya thievin rattans?

JAMIESON We ken ye've got them, ya manky midden rakers.

DOUGALL Noo, calm yersel Jamieson. Jist because ye fun nothin, ye . . .

GEORDIE For there's nuthin tae fin.

BAIRD A den o stinkin brocks!

JAMIESON I'll cut yer lugs aff an feed them tae ma dugs!

GEORDIE An I'll smash yer heids intae mince!

[JAMIESON *pulls out a knife and the* BLAKS *step back.* GABRIEL *picks up a large hammer and swings it at* JAMIESON *but misses, while* GEORDIE *lunges at* BAIRD *with an iron bar. They continue exchanging blows, most of which miss their target, but they keep threatening each other with their weapons, until they are finally pulled apart.*]

DOUGALL Stop, baith o ye! Haud him Baird! Johnie!

JOHNIE Stop, stop Geordie! Pit that doon Gabby!

[JOHNIE *eventually manages to pull* GEORDIE *back and* DOUGALL *restrains* GABRIEL *with some difficulty.* BAIRD *pulls* JAMIESON *away.*]

GEORDIE Come on then. Whit's haudin ye back?

GABRIEL Kens I'm gonnae blooter him!

JOHNIE Shut yer gubs, the pair o yous!

BAIRD Caw yersel a Sheriff Officer? You're as bad as they are, Dougall. Come on Jamieson.

JAMIESON But we're no feenished wi ye yet. We'll be back.

[JAMIESON *and* BAIRD *hurry off, with the* BLAKS *gesturing defiantly after them.* JOHNIE *wipes his brow and sits down on a box.*]

GEORDIE An we'll be waitin for ye then.

GABRIEL Ony time, ony place!

JOHNIE By God, that wis a close shave Jamie, but dinnae worry for I hae witnesses tae prove the boys werenae owre the door that nicht.

DOUGALL Then how come Andra Jack tellt Jamieson an Baird that his wife kent aboot it?

JOHNIE How the hell did she ken about it?

DOUGALL I've nae idea, but somethin'll huv tae be duin aboot her, for this is the saicont time she's brocht me bother. First the baurley an noo this.

JOHNIE Whit can we dae aboot it?

DOUGALL For a stert, ye can take a case oot agin her for slander.

GABRIEL It's time that somebody wis pittin a stop tae the work o that bitch.

DOUGALL I think 'witch' wid be mair like it, for it's uncanny.

GEORDIE Ay, we'll suin teach her tae stick her lang neb intae oor business.

[*Exeunt.*]

Scene Eight – The Archbishop's Palace, Glasgow

NARRATOR 1 The Blaks and Dougall did indeed pursue the matter. Bessie was 'apprehended by the said smiths' and brought before no less a person than the Archbishop of Glasgow, James Boyd of Trochrig, the nephew of Lord Robert Boyd of Kilmarnock.

NARRATOR 2 Boyd was one of the 'tulchan' bishops (or puppet figures) whose appointments were often used by the nobility to seize control of the Church's wealth.

NARRATOR 3 Thus James Boyd became Bishop thanks to his uncle, Lord Boyd.

[*Enter a* CLERK *with papers and seat for the* BISHOP *who sits down.*]

CLERK Guid mornin, ma lord.

BISHOP Hm, what have we this morning?

CLERK Only ane case this mornin, ma lord: Bessie Dunlop o Lynn, in the pairish o Dalry, Ayrshire.

BISHOP That's on my uncle's land.

CLERK The woman is accused o slander by local blacksmiths.

BISHOP Slander? Surely that's not for me to deal with.

CLERK The case was referred to you, ma lord, because o the sorcery.

BISHOP Sorcery?

CLERK Ay, ma lord, an she's accused o being a witch by the Sheriff Officer, though there isnae muckle evidence, only hearsay.

BISHOP Sounds rather suspicious.

CLERK Indeed, ma lord. There's a note here, initialled by Lord Boyd.

BISHOP Let me see . . . hm . . . 'case appears to hae little substance' . . . 'a quick solution' . . . and he also seems to have his doubts about the Sheriff Officer . . . hm, indeed. Well, let's have her accusers in first and see what they have to say for themselves.

[CLERK *exits and returns with the* BLAKS *and* DOUGALL.]

BISHOP And you are?

DOUGALL Jamie Dougall, Sheriff Officer, ma lord.

JOHNIE An Johnie Blak, sir.

CLERK Ma lord.

JOHNIE Ma lord, Johnie Blak, sir, an these here boys are my lawful sons an heirs, Gabriel an George.

BISHOP And you accuse Bessie Dunlop of slander?

JOHNIE Ay, ma lord, I dae that, for she accused us o stealin, but nae evidence o the thieved gear wis ever fun in oor possession, even efter a search cairried oot by Sheriff Dougall himsel personally in front o witnesses.

BISHOP Is that correct, Dougall?

DOUGALL It's the God's truth, ma lord.

JOHNIE Ay, ma lord sir. She's spread nothin but damned lees aboot us.

BISHOP And what exactly did she say to slander you?

JOHNIE She tellt Jamieson an Baird that we'd preuched, eh thieved, their ploo irons, but they never fun them in oor smiddy.

GABRIEL Ay, an they're no gonnae fin them.

GEORDIE Ay, cause they were never there.

[DOUGALL *gives them a warning look*]

BISHOP Mm. And the sorcery charge?

DOUGALL Ma lord, she put a hex on Jamieson and Baird, makin them think the Blaks stole their gear, causin them tae make a maist violent assault on the smiths an maself, whilst cairryin oot ma duties.

BISHOP So you claim she is a sorceress. Right, sit down and let us hear what the accused has to say. Please fetch her in, clerk.

[*The* CLERK *exits and a* GUARD *brings* BESSIE *in as the others sit sidestage. The* CLERK *places her facing the* BISHOP.]

BISHOP And you are Elizabeth Dunlop of Lynn?

BESSIE I am, ma lord, Bessie Dunlop.

BISHOP Well Bessie Dunlop, what have you to say about these grave charges of slander and sorcery?

BESSIE It's aw lies, ma lord.

BISHOP Are you saying your accusers are liars?

BESSIE I've done nae wrang ma lord, but I dae ken it's wrang for officers o the law tae cover up theft.

DOUGALL A pack o lees, ma lord!

BISHOP Are you saying that the Sheriff Officer is corrupt? This is a very serious accusation.

BESSIE I ken that, ma lord, but I'm tellin the truth.

BISHOP Will you both take a solemn oath and swear that you are speaking the truth?

DOUGALL [*standing*] Ye cannae believe a word she says, ma lord, for she's a witch. She cares nothin for the bible.

BISHOP You know her to be a witch?

DOUGALL She's weel kent for bein a witch.

BISHOP And your evidence?

DOUGALL I've already tellt ye, ma lord.

BISHOP Surely it doesn't need a witch to make farmers angry with the persons they think stole their property? Haven't you anything more substantial than this? [*no answer.*] I thought not.

GABRIEL [*standing*] Weel, if she's no a witch, how did she ken aboot . . .?

BISHOP About what?

GEORDIE Aboot aw that we didnae dae that nicht, for . . . eh . . .

JOHNIE Ma boys were at hame aw nicht yer lordship an we hae witnesses so we huv.

GEORDIE An aboot the money, eh I mean the money Dougall peyed us . . . for helpin . . . tae leuk for whit got . . . stole.

BISHOP Very interesting indeed!

JOHNIE Sit doon an haud yer tongue, boy!

BISHOP So it seems that money changed hands after all.

DOUGALL Ya glaikit gomerils!

BISHOP Quiet Dougall!

DOUGALL But, yer lordship, I swear I kent nuthin . . .

BISHOP Enough! I've heard enough to realise that nothing you say about this woman has any truth in it whatsoever. As for you, Blak, it's clear that you and your sons have been up to no good and you may not have heard the last of it. Now get out and take your gang with you.

[*The* BLAKS *and* DOUGALL *exeunt muttering angrily.*]

BISHOP Well, Bessie, it seems that you have nothing to answer for and I shall ignore the charge of sorcery. My uncle will be pleased to hear that the charge is false, but take care in future, as these men clearly hold spite against you. You may go.

BESSIE Thank you for yer kindness, sir. [*as she turns to go*] I'm nae witch an I'll mind yer words, ma lord.

[BESSIE *exits.*]

BISHOP Clearly this woman has done no wrong, but she seems to have got mixed up in some nasty business and I suspect it's not the last we'll hear of it. I think we'd better send a note to Lord Boyd.

CLERK Vera wise, ma lord.

[*Blackout.*]

Scene Nine – The Lynn Drying Green

[MAGGIE JACK *and* ISA *enter, followed by* JENNIE, LIZZIE, MARTHA, MARGARET SYMPLE *and others, some carrying bundles and some wringing out their washing.*]

MARTHA Is it true she's been set free an brocht hame?

MAGGIE Ay, but . . .

OTHERS Hame? Whit, hame? Whit did they dae tae her? Is she aw richt? Is nuthin tae happen? Why did they let her go?

MARGARET They say the Bishop was gey ill-set agin the Blaks fae the meenit he saw them, but Bessie could dae nae wrang.

MAGGIE That jist shows the Bishop's nae fool then.

JENNIE They say Jamie Dougall's mad aboot it.

ISA I hear he's been haein fits an cursin lik the Deil.

LIZZIE He wis fair bleezin the day they came tae seize her . . .

OTHERS A seizure? Whit, a seizure? He's had a seizure!

JENNIE Is he leevin or is he deein?

OTHERS Deein? Is he deein? Ay, deein! She must've cursed him.

MARGARET If she pit a curse on Dougall, she could've pit a spell on the Bishop.

OTHERS A curse? A spell? Ay, a spell. On the Bishop? A spell on the Bishop!

MAGGIE Haud yer tongues! Margaret Symple, ye ken nuthin aboot it.

OTHERS Whit dae ye ken Maggie? Tell us whit ye ken. Tell us!

MAGGIE I ken nocht aboot it, but I ken whit Jamie Dougall's like. An if ye believe Margaret Symple, ye'll believe onythin!

MARTHA Ay, ye're richt there, Maggie.

MARGARET I'm no takin that fae the like o you, Maggie Jack.

MAGGIE You widnae ken the truth, if it skelped ye on the jaw.

ISA [*holding* MAGGIE *back*] Noo, Maggie, calm yersel doon. Margaret's jist tellin ye whit she's heard, an some o us hae heard an awfu lot worse.

MARGARET We aw ken whit the kirk elders hae been sayin.

JENNIE An I hear Crawfurd o Baidlan's speakin gey ill o her.

LIZZIE An awfu shame aboot Janet Blair wis it no?

ISA Ay, I didnae want tae tell her, but Bessie said I should.

OTHERS [*nodding in agreement*] Ay, ay, oh ay. We ken, we ken [*etc.*]

JENNIE Ye see Maggie, she's brocht bother tae a lot o folk.

ISA [*taking* MAGGIE *aside*] Listen Maggie, ye'll huv tae try an dae somethin, for she cannae go on lik this.

MARGARET She'll land us aw in bother ane o these days.

MARTHA Shh, watch whit ye're sayin.

[BESSIE *has appeared behind them, with* ANDRA *a few steps behind.*]

OTHERS Shoosh, wheesht etc. It's Bessie . . . Bessie!

JENNIE Eh, we're . . . eh . . . awfu sorry, eh, I mean awfu gled tae see ye hame, Bessie.

OTHERS Ay, ay, oh ay, we are that, so we are. Ay, it's no richt, so it's no, whit a shame. But we'll be seein ye. Ay, we cannae staun aboot bletherin aw day. We've got washin tae dae.

[*All start to drift off, slowly, but remain upstage or sidestage, carrying on with their work.*]

MARGARET Mibbie she'll hae learnt noo that she cannae go aboot meddlin in ither folk's business

MAGGIE Ye'd dae weel tae hae mind o that yersel.

MARGARET It's you that'll hae tae watch yer tongue fae noo on Maggie!

[MARGARET SYMPLE *joins others sidestage, whispering and watching* BESSIE *who now comes forward, looking rather anxious.* ANDRA *follows on.*]

BESSIE Maggie, Maggie, whit's wrang wi everybody?

MAGGIE Listen Bessie . . . some folk think Dougall wis tellin the truth aboot ye.

BESSIE But it wisnae me that tellt Jamieson an Baird.

ANDRA [*sheepishly*] I tellt them whit I heard fae Elkie an Wulkie.

MAGGIE [*angrily*] You're gonnae land us aw in trouble, if ye dinnae keep yer mooth shut an stey awa fae they twa whittericks.

ANDRA I'll hae nae mair tae dae wi them.

BESSIE I've heard that afore, Andra, an we've been owre it mony times, but onywey, we cannae stop folk comin an askin for help.

MAGGIE Jist say naw, for ye cannae gae on like this.

ANDRA She's richt, hen. It'll aw need tae stop.

BESSIE It's no the only thing that'll need tae stop, Andra, but I'll try tae hae mind o that, even when the weans are hungry. But wheesht, here they're comin.

[AILIE *and* JEANIE *launch themselves at their parents and smother them with cuddles.*]

BESSIE Oh, I sairly missed yous.

ANDRA Hae ye been guid lassies for Aunty Maggie?

AILIE Ay, Daddy. We missed you tae, Mammy.

JEANIE Did ye bring us onythin fae the Glesca mercat, Daddy?

[ANDRA *carries* AILIE *on his back and* BESSIE *holds* JEANIE *by the hand. As they exit with* MAGGIE, *the others watch them go and then come together to wring out clothes and sing. Their song gradually increases in volume and their wringing becomes increasingly vigorous.*]

THE GUID NEEBOURS

CHORUS:
We are guid neebours tae ane an aw
We never dae ony herm at aw
We like tae clack aboot aw that's new,
An dinnae think we've forgotten you!
An dinnae think we've forgotten you!

We are guid neebours, an for a while
We'll greet ye fairly wi frienly smile
But wheneer on us yer back ye turn,
If tongues were flames, ye wid shairly burn!
If tongues were flames, ye wid shairly burn!

CHORUS

Scene Ten – Monkcastle Woods

[*'Fine Flooers' tune, as before.*]

BESSIE But I've duin naebody ony herm an I've brocht a lot o guid tae folk.

TAM I ken that lass, but it seems some folk are angry wi ye. Mibbie ye shid lea the toon for a while.

BESSIE I cannae. Whit aboot ma weans, an Andra?

TAM Tak the weans wi ye, but will Andra staun by ye?

BESSIE He's landit me in trouble, but ay, he'll staun by me, for I've aye stood by him.

TAM Even if ye land in mair trouble or if ye're arrestit again?

BESSIE Ye're jist tryin tae frichten me intae runnin awa, but I've naethin tae fear, no efter the Bishop helpin me.

TAM Mibbie ay.

BESSIE Ay, ye're worryin owre muckle for the folk o Dalry aw ken me, an I could nae mair lea Dalry than flee wi the Queen o Elfhame.

TAM I doot the kirk disnae like ye gaun roun makin folk believe in the auld cures an the auld faiths, so jist think on whit I've said Bessie. Think on it.

[*Blackout and music fades.*]

Scene Eleven – The Auld Howf, Dalry

NARRATOR 1 After events in Glasgow, Bessie might have expected to be left in peace.

NARRATOR 2 However, she had made powerful enemies and someone like Sheriff Jamie Dougall was not likely to forgive her.

NARRATOR 3 Neither was another young man who had good reason to remember Bessie: the Laird of Baidland, Andrew Crawfurd.

[*In a dark corner of the howf,* ANDRA JACK *is throwing dice with* ELKIE *and* WULKIE.]

ELKIE Nae luck again, Andra, eh?

ANDRA Ach, there seems nae end tae ma bad luck. I sometimes wunner if there's a curse on me.

WULKIE Dinnae talk aboot curses.

ELKIE But it wis lucky that we fun oot aboot the ploo irons for ye.

ANDRA I'm no sae shair aboot that.

WULKIE An we had guid fun drinkin oor share o Jamieson an Baird's money.

ANDRA I better get hame, for I promised Bessie I'd no get drunk.

ELKIE Ach, ye're better aff no bein mairriet. Wulkie nearly had tae get mairrit yince, an leuk whit it's duin tae him . . .

ANDRA Folk are sayin she's a witch.

WULKIE It's ill luck tae talk aboot witches. [*starts twitching*]

ANDRA Whit's wrang wi him?

ELKIE He aye sterts twitchin when he thinks there's trouble brewin.

ANDRA Whit kin o trouble?

ELKIE Naebody kens but him, but he jist sterts fidgin an haudin his throat when he smells danger.

[WULKIE *is clutching his throat and shaking all over.*]

WULKIE Ay, ay, ay, eh, ah, ah, eh, ugh, ugh . . . [*etc.*]

ANDRA I dinnae like the soun o that. I hope it's got nothing tae dae wi me.

ELKIE Ye jist never ken, Andra.

[WULKIE *is now twitching quite violently.*]

WULKIE Ay, ay, ay, eh, ah, ah, eh, ugh, ugh . . . [*etc.*]

ELKIE Wulkie, whit is it? Calm yersel doon. Ye're amang . . . friens.

[*His words are interrupted by the entrance of* JAMIE DOUGALL *and* ANDREW CRAWFURD.]

DOUGALL It's yersel at last, Mister Jack.

ANDRA Eh? Ay, it is that.

DOUGALL We're richt pleased tae fin ye, for me an Crawfurd've been aw roun the pairish leukin for ye, so we huv.

CRAWFURD An I see ye're still keepin bad company.

WULKIE That's whit the big hairy Glesca wuman said tae the Archbishop.

ELKIE Heh, heh, that's a guid ane, Wulkie.

[CRAWFURD *grabs* WULKIE *by the throat.*]

DOUGALL Listen ya puddle drinker ye, ony mair smert cracks lik that, an we'll cut ye up intae wee bits an feed ye tae the pigs! Noo get oot o here while ye can, for we hae some business wi Mr Jack.

[*As soon as* CRAWFURD *puts him down,* WULKIE *and* ELKIE *scramble about for their belongings and almost fight one another to get out the door first.*]

DOUGALL Ye see, Crawfurd hasnae a lot tae laugh aboot these days, for his mairrage didnae quite turn oot the wey he expectit.

CRAWFURD A sair disappyntment.

ANDRA Noo, listen, I had nuthin tae dae wi aw that. As ye ken, it came fae Bessie, an she talks mair tae hersel these days than she does tae me.

CRAWFURD Oh, we're maist sorry tae hear that, are we no, Dougall?

DOUGALL Oh ay, we are that, but that's nuthin tae the kind o worry ye'll be huvin, if some friens o mine dinnae get some o the money that ye were peyed for tellin tales aboot them. [*making signs of throat cutting*]

ANDRA Tell the Blaks that I'll square up wi them. It wis Elkie |an Wulkie, ye see, that heard Geordie Blak . . .

DOUGALL Whit? The bletherin bampot!

CRAWFURD There's nae need tae mention ony names, Mr Jack, but we aye like tae mak oor intentions clear, dae we no, Dougall?

DOUGALL [*grabbing* ANDRA *by the throat*] We dae that.

ANDRA Ye'll . . . g-g-get the . . . m-money [DOUGALL *slackens his grip*] as suin as I c-c-can, but it'll tak a wee while. It's kind o wrapped up, jist at the m-meenit.

DOUGALL Noo, we widnae like tae see ye bein wrapped up yersel, Andra, for there's nae pooches in a shroud.

ANDRA I promise ye, I'll s-see tae it. Jist g-gie me t-time.

DOUGALL But time is runnin oot, Andra, an ye'll need tae help us wi oor enquiries.

CRAWFURD [*holding* ANDRA *by the back of the neck, facing* DOUGALL] Lord Boyd's no wantin tae hear ony mair stories aboot witchcraft in Dalry, for his Lordship's an awfu pious kin o man, wi his nephew a bishop, God bless him.

[*He pushes* ANDRA *towards* DOUGALL]

DOUGALL Ay, bless the b. . . bishop aw richt! An we ken Lord Boyd wullnae pit up wi ony witchcraft in oor pairish.

[*He holds* ANDRA *by the back of the neck and pushes him back towards* CRAWFURD.]

CRAWFURD [*holding* ANDRA *by the hair.*] Ay, an the meenister wants it stampt oot afore it spreads ony further. [*letting him go.*]

DOUGALL [*putting his arm round* ANDRA*'s shoulder*] Noo listen Andra, since ye've been mixed up in aw this yersel, tak oor advice an stey oot o ony mair bother, if ye dinnae want yer backside burnt.

ANDRA Eh, ay, oh ay, I wull that.

DOUGALL [*picking up a dice*] I see ye still like a gemme o chance, Andra. Weel, jist hae mind that this is nae gemme we're playin noo.

CRAWFURD Guid day tae ye. Come on Dougall. We've urgent maitters tae see the Kirk Session aboot.

[*Exeunt.*]

ANDRA [*on his knees*] Oh Jesus, I've landed us aw richt in it noo.

END OF ACT TWO

ACT THREE

Scene One – Dalry Kirk

[*Humming of Psalm 7 and fade out. Spotlight on* MINISTER, *with the rest of the stage in darkness.*]

MINISTER I speak o an evil that has crept upon thee as the mirky mists o the River Gaurnock rise up on a winter's nicht, an smoor the hail valley in foul vapours, lik the burnin sulphurous fumes o Hell.

For it is written in the book o Deuteronomy, chapter eichteen, verses ten, eleiven an twelve: 'There shall not be found among you any one that maketh his son or daughter to pass through the fire, or that useth divination . . . or an enchanter, or a witch . . . or a consulter with familiar spirits or a wizard, or a necromancer. For all that do these things are an abomination unto the Lord, and because of these abominations, the Lord thy God shall drive them from before thee.'

[*Blackout and fade out humming of psalm.*]

Scene Two – Monkcastle Woods

[*'Fine Flooers' tune as before.*]

BESSIE Oh, whit'll become o me? [*silence*] Tam?

TAM If ye'll no run awa, at least hide for a while in these wuids.

BESSIE But I've duin nae wrang. An onyway, ma weans couldnae hide here owre the winter, an I'll no lea them.

TAM Then tak ma advice. If they try tae arrest ye again, ye'll need help fae yer neebours.

BESSIE But some o ma neebours micht no . . .

TAM If ye're tried by local folk, men fae hereaboots, ye'll mibbie be aw richt for ye've helped a guid wheen o them . . . the gentry folk that sent for ye, lik Lady Blair an her Baron Officer, young Tam Reid.

BESSIE For I've helped them baith. They'll ken I'm jist a skeelywife that's aye tried tae help folk.

TAM Shairly they widnae let ye doon. An mibbie young Tam wid like tae hear aboot his auld faither.

BESSIE Ay, ma mither used tae tell me aboot some things auld Tam wis awfae sorry aboot. Noo whit wis it again?

TAM Young Tam'll no remember.

BESSIE But I'll speak tae him aboot ye, an aw the things ma mither learnt fae ye, as weel as things ye wantit pit richt that ye were sorry aboot.

TAM Ay, things that still need pit richt.

BESSIE Things ma mither often spoke aboot.

TAM Ay, an ye learnt fae her, an her mither afore her, aboot the gifts that Nature gies us if we open oor een tae the miracles o the Earth.

BESSIE Owre mony folk gae aboot wi their een steekit an their lugs stappit.

TAM An deifenin ane anither wi the words o their God Almichty, but no lovin their neebours, or tryin tae help ither folk, for they noo seem feart fae ane anither, an even feart fae their ain shaddas. Ay, a snell nor wind is blawin owre oor bare muirland wi an icy braith.

BESSIE But, ye cannae staun here ablow the trees for aye. Ye'll hae tae go up tae the Blair as suin as ye can.

TAM I'm suir they'll help ye, Bessie, but watch whit ye say. God speed ye guid lass.

[BESSIE *turns to go, then stops to look back, but there is no one there.*]

[*Blackout*]

Scene Three – The Blair Castle, Dalry

[LADY BLAIR *hurries in, followed by* BESSIE.]

BESSIE Oh, ma lady, I noo need your help, jist lik I helped . . .

LADY BLAIR Whit are ye talkin aboot?

BESSIE I've tried tae tell Reid aboot auld Tam helpin me an ma mither, tae cure folk an . . . ither things he tellt me, I mean, tellt ma mither, things he aye wantit his son tae ken he wis sorry aboot, an . . .

LADY BLAIR These are weird things ye're sayin, Bessie.

[*Young* THOM REID *enters with* AULD WULL]

REID If ye mean ma faither, Tam Reid, he wis killt at the Battle o Pinkie, nearly thirty year ago.

BESSIE But it was auld Tam that helped ma mither an me. If ye'll jist listen, I can tell ye things that . . .

REID Naw you listen tae me. Auld Wull wis at the battle wi ma faither, an though he gets a bit wannert, he still remembers it weel.

WULL Oh, ay sir, I wis that, ay. I've mind o it aw richt, oh ay. Black Setturday it wis, a day I'll neer forget.

REID Weel, get on wi it then!

WULL Ay, I'm daein that. Black Setturday it wis, when the gruin wis covert for miles aroun wi the deid an the deein, an thoosans droont, but I wis lucky, for . . .

REID Ay, but tell her aboot ma faither.

WULL Ay, yer faither. He wis woundit, near the stert o the fechtin, an I think he wis swept awa when we tried tae cross the Esk, an the river wis rinnin rid wi bluid, aw the wey tae the sea.

REID So, whit've ye tae say tae that?

BESSIE I jist thocht ye'd want tae hear aboot yer faither.

LADY BLAIR It's maist likely some auld gangrel buddy that's tried tae mak use o ye, Bessie.

BESSIE Oh naw, auld Tam helped us, an ye're no tae think ony evil o him, for he wis sorry aboot a lot o things that . . .

REID It's you that'll be sorry for a lot o things if ye dinnae haud yer tongue.

BESSIE But oh sir, I need yer help . . . the help o guid neebours.

REID Oor help . . . guid neebours?

LADY BLAIR Neebours?

BESSIE If they pit me on trial.

LADY BLAIR Oh, ye mean an assize o yer neebours.

BESSIE Ay ma lady, an assize o neebours . . . Help me, please . . . for the sake o ma weans.

LADY BLAIR Eh, oh ay, richt Bessie, eh, we'll attend tae that.

BESSIE Oh, thank ye, ma lady. I kent ye widnae let me doon.

LADY BLAIR Ay, weel, noo I think ye'd better get aff hame afore ye cause ony mair . . . eh, worry, for the Laird willnae like tae hear . . . aboot aw this.

BESSIE [*as she leaves*] But ma lady, it isnae true whit folk are sayin aboot me.

LADY BLAIR Of course, Bessie, an there's nae need tae worry, for I ken ye didnae mean ony herm. It'll aw sort itsel oot in guid time.

[*Exeunt.*]

REID [*as* WULL *is about to leave*] Wull, jist a meenit. Listen, ye really did see ma faither killt at Pinkie.

WULL Weel, he wis sairly wounded, an I could dae naethin for him, for it wis a richt bluidy burach.

REID An naebody saw him again?

WULL Oh naw, for him an his pal, young Giffordlan, neer cam hame, like mony ither braw lads that day, Black Setturdey, though mibbie he didnae want tae come hame . . . but a guid man aw the same.

REID Ye're bletherin again, Wull. Noo, listen, no a word tae onybody aboot whit she said, an jist wait ootside the noo.

[WULL *exits, as* LADY BLAIR *returns.*]

LADY BLAIR Thom, whit dae ye mak o this?

REID How wid she ken aboot . . . ma faither's business?

LADY BLAIR He must've tellt her auld mither.

REID Weel, some folk widnae like tae hear whit she said.

LADY BLAIR But I widnae be surprised if some o it wis true, for I've heard that auld Tam spent owre muckle time doon at Monkcastle or at Kilwinnin Abbey an he didnae aye ken whit wis gaun on aroun here.

REID Ma Lady, wis it no aboot some thievin that she gied ye advice on a while back?

LADY BLAIR Oh, I did ask her aince aboot some domestic bother I had, but it had naethin tae dae wi aw this.

REID I ken, but I wis jist wunnerin . . .

LADY BLAIR Weel, dinnae! An dinnae tell the laird.

REID Jist as ye wish, ma Lady, but we cannae hae her gaun aboot sayin things lik that. It's time the elders were daein somethin, for she's a danger tae us aw, tae the hale toon.

LADY BLAIR Oh, I should neer hae sent for her yon time I had the bother wi . . .

REID They say a witchwife aye returns tae haunt ye, yince ye've had dealins wi them.

LADY BLAIR Dealins wi them! Whit are ye sayin?

REID We could be dealin wi sorcery, ma lady!

LADY BLAIR Holy Saint Margaret . . . Reid, I ken it's yer duty tae report this, but make sure ye go aboot it the richt wey.

[*She exits.*]

REID [*moving to door*] Wull! Wull, come back in here a meenit. Ye'll mibbie be wantit later on tae verify ane or twa things. Noo, I'll hae tae go an see the kirk elders aboot this damned witch.

WULL Bessie Dunlop? Naw!

REID Ay, Bessie Dunlop. [*as he leaves*] She's a witch aw richt!

WULL [*crossing himself*] Holy Ma. . . God bliss us, an keep us fae the pooers o evil! This widnae hae happened in auld Tam's day.

[*Exits.*]

Scene Four – Bessie's house

[ANDRA *is sleeping. The children,* AILIE *and* JEANIE, *are playing at the door, singing as they do so.*]

THE FAIR LADY

> As I went by the luckenbooths
> I saw a lady fair
> She had lang pendles in her ears,
> An jewels in her hair.
> An when she cam tae oor door
> She speired at wha wis ben,
> 'Oh hae ye seen ma lost love,
> Wi his braw Hielan men?'

ANDRA [*waking up*] That's an awfae braw sang.

[*The* CHILDREN *stop their game, but they continue their song.*]

> The smile aboot her bonnie cheek
> Was sweeter than the bee,
> Her voice wis like the birdie's sang
> Upon the birken tree.
> But when the meenister cam oot
> Her mare began tae prance,
> Then fled intae the sunset
> Ayont the coast o France.

ANDRA [*getting up*] That wis braw, but whaur did ye learn it?

JEANIE Fae Mammy. Oor Granny sang it.

[MAGGIE *enters, looking very anxious.*]

ANDRA Oh Maggie, I didnae hear ye.

MAGGIE Whaur's Bessie?

ANDRA I've nae idea. Dae ye ken whaur yer mither is?

JEANIE I think she wis gaun up tae the Blair.

AILIE Mibbie tae gether herbs at the Elfhame Caves.

MAGGIE Ay, maist likely hen. [*whispering*] Bessie's in terrible trouble, Andra.

ANDRA An she's no the only ane.

MAGGIE Dougall an Crawfurd are stirrin things up again wi the elders.

ANDRA Jist whit I feared.

MAGGIE An the hail toon's gaun gyte.

ANDRA Oh God, I even hae ma ain doots at times, for she sometimes talks tae hersel that much, ye'd think there wis ither folk there. Ane nicht I woke up an I wis suir I heard aboot a dizzen folk in the hoose.

MAGGIE She's no the only ane that talks tae hersel. Ye shid've heard yersel when ye had the fever.

[BESSIE *enters.*]

BESSIE I hope ye're no haiverin again, Andra.

ANDRA Bessie, they're sayin ye're a witch, an the elders . . .

BESSIE Ay, they'll be sayin aw the healin an helpin folk wis the work o the Deil, an I'm in league wi him. God, whit's happened tae this toon?

ANDRA An they'll no be lang in sayin I'm in league wi the Deil tae. They'll be cryin warlock afore the day's oot!

BESSIE It's me they want. They'll no be leukin for you, Andra.

ANDRA Ay, they will, for there'll be nae stoppin them . . .

MAGGIE Whit dae ye mean, Andra?

ANDRA We'll need tae get oot o here. Quick!

[*He starts gathering clothes in a bundle.*]

BESSIE [*holding the children, sobbing*] But whaur can we go?

MAGGIE Whit aboot the weans, Andra?

ANDRA We'll hae tae hide, mibbie up the Lynn Glen.

BESSIE Andra, the weans cannae hide up there, wi winter comin.

ANDRA Maggie, will ye leuk efter them till . . . we see whit happens?

MAGGIE Of coorse I will, but whit if they take the weans fae me, tae fin oot . . .

AILIE Daddy, whaur are ye gaun? Can we no come?

JEANIE Mammy, can we no aw go an hide somewhaur?

ANDRA [*picking up his bundle*] I'm sorry hen. Ye'll need tae stey wi yer Auntie, jist for a wee while. [*quietly*] Maggie, tell ma brither, John, we'll hide up in the glen, doon ablow Pinnioch Pynt. Tell him tae bring some things up for us.

BESSIE Naw. I cannae lea them.

ANDRA Ye'll huv tae! Jist till it aw blaws by.

[BESSIE *drops onto her knees holding the children.* MAGGIE *tries to pull them away.*]

BESSIE Lea them Maggie. I'm no gaun. On ye go Andra. If nuthin happens, I'll come up an see ye in a day or twa.

[ANDRA *looks out the door, then hurries back to cuddle* BESSIE *and the children.*]

ANDRA I'm feart tae stey an I'm feart tae go, but ane o us'll need tae . . . for the weans. I'll see ye later, lass, eh?

BESSIE Ay Andra, mibbie. Noo on ye go, hurry.

ANDRA I'm sorry Bessie . . . aboot the trouble I've brocht ye . . . sorry aboot everythin . . . sorry . . .

[ANDRA *exits hurriedly with his bundle, afraid to look back.*]

AILIE Auntie Maggie, whit's wrang wi ma Daddy?

JEANIE Why did ma Daddy say aw they scary things? Is he drunk again?

AILIE Is he no comin back?

BESSIE Ay, hen, he'll be back as suin as he can.

[BESSIE *rises with her arms around her weans. They go over to sit on the bed and they all sing 'The Fair Lady' again. Halfway through the song there is a loud thump on the door.* MAGGIE *pushes* BESSIE *and* CHILDREN *into an inner room or behind a curtain. She tries to open the door slowly, but it is pushed open by* DOUGALL *and* CRAWFURD. *The* MINISTER *and several* ELDERS *wait at the door.*]

DOUGALL Whaur is she?

MAGGIE Wha?

DOUGALL Bessie Dunlop!

CRAWFURD The witch!

MINISTER Dinna lie tae us, woman.

MAGGIE I'm no lyin, Maister Crawfurd. I dinnae ken ony witch!

DOUGALL Lea her tae us meenister, an we'll suin get the truth oot o her.

MINISTER There's nae need for that, yet. Maggie Jack, ye better tell us.

CRAWFURD An ye better tell us quick.

MAGGIE I dinnae ken. I've tellt ye.

MINISTER Richt, Dougall, search the hoose.

[MAGGIE *attempts to stop him, but she is pushed aside as the others enter.*]

DOUGALL [*pulling* BESSIE *from her hiding place*] We've cornered ye at last, servant o Satan.

[*The* CHILDREN *try to defend their mother, but are flung violently onto the floor.*]

CRAWFURD Bluidy witchweans!

[*The* CHILDREN *are held by the* ELDERS, *while* CRAWFURD *restrains* MAGGIE *and* DOUGALL *holds* BESSIE *by the hair.*]

JEANIE Ma Mammie's no a witch!

AILIE An we arenae witchweans!

DOUGALL Shut they witchweans up!

BESSIE Lea them alane. They've duin naethin.

MINISTER Then confess an save them fae damnation.

CRAWFURD [*grabbing* MAGGIE *by the hair*] But Maggie Jack kens fine Bessie Dunlop's a witch.

MAGGIE N-n-naw, n-never!

[*Her arm is painfully twisted by* CRAWFURD, *as* DOUGALL *grabs her by the throat.*]

MAGGIE N-a-a-ae-aee! .

MINISTER Whit did she say?

CRAWFURD She said ay!

MINISTER Guid, an noo I must hear it fae her ain lips.

DOUGALL Tell him! [*grabbing* BESSIE *and twisting her arm.*] Tell him! Confess ya damned witch ye! [DOUGALL *pulls* BESSIE *to the floor by the hair.*]

BESSIE A-a-a- naw!

CRAWFURD Mibbie her Deil's brood'll tell us whit we need tae hear?

[ELDERS *bring* CHILDREN *forward and* CRAWFURD *grabs them both.*]

DOUGALL Dae ye ken yer mammy's a witch?

BESSIE Naw! Lea them! . . . I'll tell ye . . . aw I ken, an . . . I'll go wi ye, an staun trial, but lea ma weans alane. Tak peety on them.

MINISTER Blessed be the name o the Lord; for he has pit wisdom intae yer herts this day. Ye've duin weel Maggie Jack in testifyin, an as for you Bessie Dunlop, if ye tell us the truth, it micht save ye fae . . .

BESSIE An assize o ma neebours, Reid an Lady Blair said . . .

MINISTER Hae faith, woman. A confession will save ye fae the clutches o Satan.

DOUGALL We'll pit her in chains noo, meenister.

[BESSIE *tries to turn round, but she is dragged off by* DOUGALL, *while the* ELDERS *restrain the* CHILDREN *and try to muffle their cries.*]

CRAWFURD Richt meenister, we'd better go an see aw they folk on yer list aboot the assize.

[*They exit and leave* MAGGIE *holding the children.*]

MINISTER [*as he leaves*] I trust that these weans hae been baptised in the name o the Lord. God bless them.

[*The* MINISTER *hurries off after the others.*]

MAGGIE [*kneeling beside the children*] Oh God, leuk efter these weans an save their mither fae evil men.

JEANIE [*after a short pause*] I ken ma mammy's no a witch, sae why are they tellin lees aboot her?

AILIE Auntie Maggie, whit'll happen tae her?

[*Lights go down and we hear the last four lines of 'The Fair Lady'*]

> But when the meenister cam oot
> Her mare began tae prance,
> An fled intae the sunset
> Ayont the coast o France.

Scene Five – The Lynn Drying Green

[*Enter* MARGARET SYMPLE, ISA *and* JENNIE, *carrying bundles of washing which they wring and lay out around them, as if laying them on the grass or bushes as they talk.*]

JENNIE Hae ye heard aboot Andra?

ISA Weel, I dinnae ken whit tae believe.

JENNIE Weel, he's ran awa, left hame.

MARGARET Imagine bein mairrit tae a witch.

JENNIE They say she gave him potions tae mak him drunk aw the time.

MARGARET Ay, so that he widnae ken whit she wis daein.

ISA It's the weans I feel sorry for.

JENNIE Ay, but Maggie Jack's leukin efter them noo.

MARGARET She'd better watch oot tae.

[MARTHA *and* LIZZIE *enter*]

LIZZIE Hae ye heard aboot Bessie?

JENNIE Ay, ye're owre late wi yer news, Lizzie.

LIZZIE Ye'll no want tae hear aboot the Bishop then?

OTHERS Ay, ay, oh ay!

LIZZIE They're sayin the Bishop o Glesca's gonnae dae somethin tae get Bessie aff again.

ISA Mibbie he thinks she's innocent.

MARGARET Mibbie the Bishop's no sae innocent then.

JENNIE Ay, he let her aff afore, did he no?

MARTHA But they say the Kirk disnae care whit bishops say noo.

MARGARET Ay, she'll pey for it this time.

MARTHA They'll mibbie banish her fae the toun.

JENNY We're no safe wi a witch in the toun.

MARGARET An ye could aw still end up in bother.

ISA Oh, God forgie me for openin ma mooth!

[ISA *exits hurriedly. The others start grabbing washing from each other, fighting and tugging and finally tearing it and stamping on it underfoot, as if it is loathsome.*]

MARGARET Ye aw got 'help' fae her ye see.

JENNY An it wis help fae a witch!

MARGARET Witches are servants o the serpent.

LIZZIE They hae rhymes tae curse God-fearin folk.

JENNIE An oor beasts arenae safe, an they turn the milk sour.

MARTHA An oor weans arenae safe.

MARGARET They meet wi the Deil!

LIZZIE They mate wi the Deil!

JENNIE We dinnae want witches here.

OTHERS Naw, we dinnae want witches!

MARTHA We should banish witches.

MARGARET We should burn witches!

JENNIE Ay, burn them.

LIZZIE Burn them!

MARGARET Burn them aw!

OTHERS Ay, burn them aw! Burn them! Burn! Burn! Burn!

[*Exeunt, tugging and tearing washing, while torn washing blows away in a shrill wind. Blackout.*]

Scene Six – The Archbishop's Palace, Glasgow

[BISHOP *and* CLERK *enter, studying papers.*]

CLERK Whit's tae be done aboot this Dalry case, ma lord?

BISHOP The Kirk has stepped in and charged her with witchcraft. My uncle is far from happy about the way things are going.

CLERK Will you be dealing wi the maitter this time ma lord?

BISHOP I think not, Clerk. It's too risky a situation for my liking and I think it would be unwise to become involved again.

CLERK A wice-like decision, ma lord.

BISHOP Let the courts deal with it. It's really their problem anyway and it gets it off my hands. I'm sure my uncle will approve.

CLERK I'm sure he will, ma lord.

BISHOP They'll probably give her a rough time, for the Kirk seems to be much preoccupied with witchcraft these days.

CLERK Indeed they are ma lord.

BISHOP Yes and I fear things could go badly for her, but it's more than likely she'll only be banished from the area, for she seems to be just a sort of spaewife. But I find this all very disagreeable. I think we'll move on to my letter to Lord Boyd.

CLERK Ay, it's nearly ready, but mibbie some lunch first, ma Lord?

BISHOP Excellent advice. Pass me the washing bowl. You know it's nearly ruining my appetite, all this witch nonsense.

[*The* BISHOP *starts to wash his hands. Blackout*]

Scene Seven – Dakeith, September 1576

NARRATOR 1 Dalkeith, September the twentieth, 1576, and the case of Bessie Dunlop came under the scrutiny of the Laird of Whittinghame and George Auchenleck of Balmanno.

[WHITTINGHAME *and* BALMANNO *pace up and down, discussing the case.*]

WHITTINGHAME But why did they pass it on tae us, insteid o jist leein it tae the local coort?

BALMANNO The Kirk's makin such a steer, they think it's faur too important tae be left at that level, especially efter the bishop washin his hauns o' it.

WHITTINGHAME I dinnae like the soun o it at aw, Balmanno.

BALMANNO Ay, it's a maist peculiar case, Whittinghame.

WHITTINGHAME I've neer come across its like, an it puzzles me, especially her relationship wi this Thom Reid character.

BALLMANNO Ye're richt, Whittinghame, the hert o the maitter.

WHITTINGHAME She has confesst that he helped her on diverse occasions.

BALMANNO Mibbie just an auld priest, hermit, or gangrel buddy.

WHITTINGHAME Possibly, Balmanno, or mibbie jist a figment o the imagination.

BALMANNO Ye mean her ain?

WHITTINGHAME Mibbie, but mibbie mair lik somebody else's.

BALMANNO Ay, ye could be richt.

WHITTINGHAME An she willnae confess tae haein duin onythin wrang.

BALMANNO Whit evils has she actually duin?

WH1TTINGHAME Nane as faur as I can see.

BALMANNO The hale business is maist disturbin, if ye ask me.

WHITTINGHAME We need tae watch oor step these days.

BALMANNO I think we'd better advise them tae pass it on tae the High Coort.

WHITTINGHAME Indeed ay. Guid advice, Balmanno. Guid advice.

[*Exeunt*]

Scene Eight – Tolbooth Prison, Edinburgh.

NARRATOR 1 'One of the most powerful incentives to "Confession" was systematically to deprive the suspected Witch of the refreshment of her natural rest and sleep.'

NARRATOR 2 'Even the indulgence of lying in a reclining posture on their handful of straw was frequently denied them.'

NARRATOR 3 'This engine of inhuman oppression was perhaps more effectual in extorting confessions, than the actual application of torture itself,' writes Robert Pitcairn in his account of the *Ancient Criminal Trials of Scotland* (published in 1829).

[BESSIE *stands with bowed head, surrounded by a group of* INTERROGATORS *and* SCRIEVERS *(note takers). Spotlight on* BESSIE, *with the rest of the stage in shadow.*]

INTERROG. 1 Noo, tae get back tae yer power o finnin things that were stolen.

BESSIE I've tellt ye, sir, aw I ken.

INTERROG. 2 It wis auld Tam that tellt ye aw aboot they things?

BESSIE Ay, sir.

INTERROG. 2 Whit aboot yer man? Did he ken aboot them?

BESSIE Naw, naethin. I swear tae God he kent naethin.

INTERROG. 2 Ay, their men are aye the last tae ken.

INTERROG. 1 Noo, aboot this maitter o ploo irons, how did Tam ken whaur they were . . . atween whit wis it again?

INTERROG. 4 'Atween a muckle ark an a great kist.'

BESSIE I dinnae ken, sir. He didnae tell me.

INTERROG. 3 He seems tae hae tellt ye everythin sae why did he no tell ye how he kent?

BESSIE I've . . . nae idea . . . can I no sleep noo?

INTERROG. 4 Only when ye've confessed everythin tae us, sae that we can save ye.

[*Lights dim on* BESSIE]

NARRATOR 1 The most common instruments of torture were:

NARRATOR 2 The 'pilniewinks', or thumbscrews, used to crush the thumbs.

[*Anguished groans from* BESSIE, *now in darkness*]

NARRATOR 3 The 'cashielaws', or iron case, fitted tightly round the leg, then heated.

[BESSIE *screams.*]

NARRATOR 4 The 'boot', an iron band, fitted round the ankle, and into which wedges were hammered, eventually crushing the ankle.

[*Longer scream from* BESSIE, *now on her knees, followed by a spotlight on her again.*]

INTERROG. 1 Noo, we still need tae ken mair aboot Tam Reid.

INTERROG. 2 He wis the faither o Thom Reid, Baron Officer tae the Blairs. His son's evidence proves that.

BESSIE His son?

INTERROG. 2 Ay, Bessie, but his son didnae like some o the things ye said.

BESSIE His faither . . . auld Tam.

INTERROG. 1 Ay, Tam Reid. Ye've tellt us aboot whit ye learnt fae him, but ye must ken mair.

BESSIE Ken nae mair . . . tellt ye . . . sleep . . .

INTERROG. 3 Ye've said whit he leuked like, his auld fashioned claithes an that. Noo, tell us again whit he said when ye first met him.

BESSIE Said . . . Guid day, Bessie . . . I said . . . God speed ye guidman.

[INTERROGATOR 4 *steps forward.*]

INTERROG. 4 Bessie, are ye suir he didnae yaise ony o the auld benedictions?

BESSIE Bene . . . dictions?

INTERROG. 4 Ane o the blessins fae the auld Papist days.

BESSIE Whit like?

INTERROG. 4 Like 'Sancta Maria . . . Holy Mary . . . Holy Saint Margaret,' or the like.

BESSIE Naw, oh naw . . .

INTERROG. 3 Are ye quite suir? Mibbie ye've forgot?

INTERROG. 4 Staun up.

BESSIE I'm sae tired . . .

[INTERROGATORS 3 *and* 4 *lift her up.*]

INTERROG. 4 Did he no say Sancta Maria?

[BESSIE *falls.*]

INTERROG. 4 Stey on yer feet!

BESSIE Cannae . . .

[*They both lift her to her feet very roughly.*]

INTERROG. 4 Whit did he say? Sancta Maria? [*lifts her roughly by the hair*]

BESSIE Naw . . . nae sanct . . .

[*They let her drop again,*]

INTERROG. 3 He did say Sancta Maria, did he no?

BESSIE Sancta . . . mm . . . sleep.

INTERROG. 3 Sancta Maria, Bessie.

BESSIE Sancta . . . ?

INTERROG. 3 [*lifting her up gently*] Ay, Sancta Maria, Bessie.

BESSIE Sanct . . . Sancta . . . mm . . . Maria . . . sleep.

INTERROG. 4 Sancta Maria! [*letting her drop onto the floor, exhausted*] Guid, guid. He said 'Sancta Maria.' Her help came fae an auld Papist, by God. Noo we're gettin somewhaur! Hae ye got aw that, scriever?

[*Blackout*]

Scene Nine – Prison Cell, as before

NARRATOR 1 At intervals, fresh examinations took place and these were repeated day and night until 'her contumacy, as it was termed, was subdued.'

NARRATOR 2 'If she possessed fortitude enough to persist in the denial of her guilt, it was not inferred that she was innocent, but that the devil was helping her,' writes Pitcairn.

NARRATOR 3 To help break the hold of the devil over witches, it was necessary to find the devil's mark, by repeatedly piercing the accused with long needles, until they found a part which was insensitive to pain.

[*A long scream from* BESSIE *and then silence.*]

NARRATOR 4 This was where they believed the devil had sucked blood to initiate the witch, thereby leaving his mark, a sure proof of witchcraft.

[BESSIE *is lying in darkness, but is suddenly roused and pulled roughly onto her feet by her* INTERROGATORS. *Spotlight on her again.*]

INTERROG. 1 Did he ever ask ye tae deny yer faith?

BESSIE Couldnae . . . Deny? [*pierced with a needle*] God!

INTERROG. 2 But ye pit yer trust in Tam Reid, did ye no? An whaur did his help come fae?

BESSIE The green wuids, an . . . roots . . . [*another scream*]

INTERROG. 4 That help wis a temptation, Bessie, the temptation o Satan.

INTERROG. 3 Did he ever touch ye onywhaur?

BESSIE Lent on . . . him, his haun . . . ma mither . . . helpin haun . . .

INTERROG. 4 [*shakes her*] He took ye by the haun? Why?

BESSIE Tae run . . . awa.

INTERROG. 1 Run awa whaur?

BESSIE Ma . . . sel fae hame.

INTERROG. 4 [*she falls to the floor*] Elfhame, did she say? [*shakes her*] Dae ye ken whaur Elfhame is? That's whaur the speirits o the deid can tak ye.

BESSIE Mm . . . ay.

INTERROG. 1 Elfhame, dae ye ken whit this means, Bessie?

INTERROG. 2 Why did ye go there?

BESSIE Gethered herbs . . . at Elfhame.

INTERROG. 3 Tae mak the potions an drugs o the Elf folk?

BESSIE Tae . . . cure folk.

INTERROG. 4 [*lifts her up again and shakes her*] If ye went often tae Elfhame wi Tam Reid, he wis yer familiar speirit then?

BESSIE A speirit . . . [*screams as she is pierced.*]

INTERROG. 4 A speirit fae Elfhame, that's whit he wis, for he wis deid.

BESSIE Naw . . . couldnae . . .

INTERROG. 4 [*pierces her again and she falls to the floor*] Tam Reid wis an evil temptin speirit sent by Satan.

INTERROG. 2 At last we hae fun the mark o the beast!

INTERROG. 3 Noo, we're sheddin licht on this evil business!

[*Blackout. Lights fall on the* NARRATORS.]

NARRATOR 1 One of the most fiendish instruments of torture, used to extract the 'truth', was the branks, or witches' bridle.

NARRATOR 2 Constructed by means of a hoop which passed over the head, a piece of iron, having four prongs, was forcibly thrust into the mouth, two of these being directed to the tongue and palate, the others pointing outwards to each cheek.

NARRATOR 3 '"Thus equipped", she was "night and day 'waked' and watched by some skilful person appointed by her inquisitors,"' writes Pitcairn.

[*Exeunt.*]

[*Spotlight on* BESSIE *who now has a bridle over her head, so that she can hardly speak.*]

INTERROG. 1 An ye saw Tam in the kirkyaird o Dalry, but naebody else could see him.

INTERROG. 2 An he tellt ye wha he went tae the battle wi, an whit they said, an whit they ate on their wey there.

BESSIE Mnn . . . ah . . . ah . . .

INTERROG. 2 An tae tell his auld friens tae mak amends for whit they'd duin.

INTERROG. 1 Things naebody else kent aboot but thaim?

BESSIE Ah . . . ah . . . ay

INTERROG. 3 An Lady Auchenskeith asked aboot her man wha deed nine year afore.

BESSIE Mm . . . ah . . .

INTERROG. 4 An Tam tellt ye that the Laird o Auchenskeith wis wi the fairy host.

BESSIE Mn . . . agh . . .

INTERROG. 3 An ye saw Tam Reid wi the fairy folk at the gable end o yer ain hoose, eicht wimmen an fower men, aw claithed in green, an the Queen o Elfhamc spoke tae ye afore yer wean deed . . .

BESSIE Nn . . . aa aw . . . wai . . . nn.

INTERROG. 4 An Tam promised ye gear an graith, an braw claithes, if ye wid gang wi them an deny yer Christian faith.

INTERROG. 1 An they were temptin ye awa fae yer ain guidman an yer weans.

BESSIE Wea . . wh . . . eans . . . nn!

INTERROG. 2 Ay, Bessie, an then the Elfin folk flew awa in an evil, ugsome sough o cauld wind.

INTERROG. 3 Jist as ye saw the Elfriders fae Middle Earth plunge intae the daurk watters o Restalrig Loch, as if Heaven wis rummlin doon intae the pit o Hell.

INTERROG. 1 Whaur Tarn Reid meant tae lead ye, Bessie.

INTERROG. 4 But yer confession has saved ye fae the clutches o Satan.

BESSIE Aa, aa . . . nn . . . n . . . aw.

[*Blackout*]

Scene Ten – The High Court of Justiciary, Edinburgh

NARRATOR 1 The trial of Bessie Dunlop took place on November the eighth, 1576, at the High Court of Justiciary in Edinburgh.

NARRATOR 2 No defence was permitted in witch trials at this time, for anyone attempting to do so could be accused of helping the witch and incur the penalties for such a crime.

NARRATOR 1 And, since no women were allowed in court, Bessie Dunlop would not have been present at her own trial.

[BESSIE *stands in the shadows upstage with head bowed, as court officials take their place on one side of the stage and* MEMBERS OF THE ASSIZE *file onto benches on the opposite side.*]

ADVOCATE 1 In the first, that forasmuch as the said Elizabeth Dunlop being demandit by what art and knowledge she could tell diverse persons, of things they lost or were stolen awa, or help seik persons,

ADVOCATE 2 Answerit that she herself had nae kind o art or science . . . but when onie person came to her, she would inquire at ane Thom Reid, killt at the Battle o Pinkie, wha wad tell her, whenever she askit.

ADVOCATE 1 And being interrogaitit, whaur and in whit form the aforesaid Thomas Reid did first appear to her, freely confessit that she first met him at Monkcastle. And being inquirit whit kind of man Reid was, declarit:

CLERK 'He was ane honest, weel elderly man, grey beardit, and had a grey coat wi Lombard sleeves o the auld fashion, a pair o grey breeks and white shanks, gartered abuin the knee, a black bonnet on his heid, wi silken laces drawn through it and he was carryin a white wand,' and she 'thocht he gaed in at a nerrower hole of the dyke than ony earthly man could have gane through', and so she was 'somewhit afeard'.

ADVOCATE 1 Being demandit if she could dae any guid for women that were 'in travail in child bed-lare', answerit that she could 'dae naethin' until she first spoke wi Thom.

ADVOCATE 2 And when she hersel was lying in child bed-lare, the Queen o Elfhame came to her and sat beside her, and Thom tellt her she 'was his mistress wha had commandit him to wait upon her to dae her guid.'

ADVOCATE 1 And when Reid appearit wi the Queen o Elfhame and her elfwichts they did desire her to go wi them and Reid desirit her to dae likewise, offering her 'aw manner o things' and promisin that . . .

CLERK 'If ye gae wi us, I will mak ye faur better than eer ye hae been.'

ADVOCATE 2 Interrogaitit whit she thocht o the new faith o Scotland,

CLERK Answerit that 'she had spoken wi Reid aboot this maitter, but he answerit that this new religion was nocht guid, and that the auld faith should come back again.'

JUSTICE DEPUTE Irrefutable evidence o Satanic an Papist forces at work in oor land.

ADVOCATE 1 Interrogaitit if she never speired whit trouble should come to her for his company and his help, he tellt her that she would 'be troublit therefore', but bade her 'seek an assize o her neebours and naethin should ail her.'

[*Blackout and spotlight on* BESSIE, *upstage.*]

BESSIE An naethin should ail me.

[*Lights dim on* BESSIE. *Spotlight on* ANDREW CRAWFURD. CRAWFURD *takes the oath, by raising his right hand and placing the other on the Bible.*]

CLERK And immediately efter the choosing and swearing of the said persons of assize, the same persons removit themsels furth of court and convenit thegither and reasonit on the points of the case.

[THE ASSIZE *file out to form a tight circle around* BESSIE *and mime an animated discussion, with their hubbub heard in the background, as narration continues and names are read out.*]

NARRATOR 1 An assize of fifteen local lairds did in fact form the jury at Bessie's trial,

NARRATOR 2 Men who must have known her or even sought help from her.

NARRATOR 1 The fifteen men of the assize were:

NARRATOR 2 Hew Hommyll in Kelburne, Thomas Gowand there, Cuthbert Craufurd in Kilburnie, Hugh Dunlop of Crawfield, Henry Clerk in Cokeydaill, John Knok in Kilcuse, James Aitken in Balgrene, Johnne Orr in Barnauch, Thomas Caldwell in Bultries, James Harvey in Kilburnie, Robert Roger there, Johnne Boyde in Gowanlie, Johnne Cochrane in the Mains of Barr, Thomas Stewart of Flaswood, and finally the Convener of the Assize, Andrew Crawfurd of Baidland, or as his name was spellt in the court records, Crawfurd of 'Baithleme'.

[BESSIE *kneels while we hear the first verse of 'Fine Flooers in the Valley'.*]

> She's risin up in the early morn,
> Fine flooers in the valley,
> Tae see their sweet babes safely born
> An the green leafs they growe rarely.

[MEMBERS OF THE ASSIZE *file back into their original positions.*]

CLERK And bein ripely advisit therewith and resolvit therein, re-enterit to the said Court of Justiciarie, and there in the presence of the said Justice-Depute, by the deliverance, pronouncit and declarit by the mouth and speaking of Andrew Crawfurd of Baithlem, their verdict on the aforesaid Elizabeth Dunlop.

[CRAWFURD *steps into centre stage and the spotlight falls on him.*]

CRAWFURD Havin considerit the case o Elizabeth Dunlop chairged wi yaisin 'Sorcery, Witchcraft, and Incantation wi Invocation o Spirits o the Devil, continuin in familiarity wi thaim . . . dealin wi chairms an abusin o people, wi her devilish craft o sorcery foresaid', we the members o the assize, dae find the said Elizabeth Dunlop [pause] tae be 'culpable, fylit an convict of the haill pynts' specifyit.

[*Lights dim as all exit, except* BESSIE. *Verse 2 of 'Fine Flooers' is sung.*]

> Her help she gied tae great an sma,
> Fine flooers in the valley,
> Wi soothin herbs she healed them aw,
> An the green leafs they growe rarely.

Scene Eleven – Bessie's prison cell

[BESSIE *kneels centre stage, with a spotlight on her and the rest of the stage in darkness.*]

BESSIE I thought I was helpin folk, but noo they tell me I was daein the devil's work. Yet, mibbie we are aw in danger o daein the devil's work when we spread lees aboot ither folk, fear them, an hate them, an blame thaim for aw oor troubles. For when we dae that, the bluid has frozen in oor veins, an oor herts hae shrivelt up intae wee hardened knots . . . an we are nocht but deid trees in a black bare wuid.

BESSIE DUNLOP, THE WITCH O DALRY

[*As 'Fine Flooers' begins* BESSIE *is again left in shadow or silhouetted. When the singer reaches the second last verse,* BESSIE *rises and walks very slowly into the darkness.*]

> But neebour dear, whit dae I find?
> Fine flooers in the valley,
> Ye huvnae proved tae me sae kind
> An the green leafs faw sae early.

MINISTER 'A man or woman that hath a familiar spirit, or that is a wizard, shall surely be put to death. Thou shalt not suffer a witch to live.'

NARRATOR 1 Unfortunately the details of Bessie's fate have not been recorded. There is merely the usual short note on the margin of the records.

NARRATOR 2 'Convict and Burnt'

> They caw her witch, an bind her fast,
> Flooers fade in the valley,
> An in the fire her body cast
> An the red flames rise sae rarely.

> November winds begin tae blaw,
> Withered flooers in the valley,
> Summer leafs curl up an faw
> An the black trees hang sae barely.

[*The stage should be half-lit to create the effect of figures appearing from the shadows, and/or back lighting used to create silhouettes.*]

MINISTER 'Through the wrath of the Lord of hosts is the land darkened and the people shall be as the fuel of the fire: no man shall spare his brother his sister.'

NARRATOR 3 In a time of turmoil and change,

NARRATOR 4 A time of chaos,

NARRATOR 5 A time of fear,

NARRATOR 6 When monsters an madmen howl for blood,

NARRATOR 1 We leuk for scapegoats an bogeymen.

NARRATOR 2 Somebody tae blame,

NARRATOR 3 Folk that are different,

NARRATOR 4 No fae here, no wan o us,

NARRATOR 5 Enemies in oor midst,

NARRATOR 6 Somebody tae fear an hate,

NARRATOR 1 Somebody tae persecute,

NARRATOR 2 Tae batter an burn,

NARRATOR 3 Tae exterminate.

NARRATOR 4 The list o victims is withoot end,

NARRATOR 5 Their ashes scattert in the wind.

MINISTER 'Behold, they shall be as stubble; the fire shall burn them; they shall not deliver themselves from the power of the flames.'

[*Red lighting fills the stage, with swirling black shadows and crackling bonfire sounds.*]

NARRATOR 6 [*starts reading the list of names beginning with A*] Abel, Andra Abernethy, Margaret, Adair, Eupham, Adam, Agnes . . . [*continues quietly as the* MINISTER *speaks.*]

MINISTER 'Therefore shall evil come upon thee; thou shalt not know from whence it riseth: and mischief shall fall upon thee; thou shalt not be able to put it off and desolation shall come upon thee suddenly, which thou shalt not know of.'

BESSIE DUNLOP, THE WITCH O DALRY

[NARRATOR *6 continues reading and after the next few names,* NARRATOR *1 starts reading those beginning with A. Then other* NARRATORS *join in with lists B, C and D, growing louder until the names become a cacophony. They continue reading as the cast slowly leave the stage and the* NARRATORS *go off, one by one. As the voices fade, the last to be heard is the one reading the D list. As this reader leaves the stage, and the lights fade, we hear, as just another name on the list, 'Dunlop, Bessie'.*]

NARRATOR 1 Abel, Andrew

Abernethy, Margaret
Adair, Eupham
Adam, Agnes
Adam, Isobel
Adane, Agnes
Adamson, Margret
Adamsone, Isobel
Adamsone, Marjorie
Adie, Lillias
Affleck, Margaret
Aichesoun, Mergarett
Aichesoune, Masie
Aiken, Bessie
Aikenhead, Christian
Aird, Agnes
Airth, Jonet
Aitchison, Helen
Aitchison, Janet
Aitkine, Bessie
Aitkine, Marion
Aitkyne, Marjorie
Alexander, Elspet
Alexander, Isobell
Alexander, Jonet
Alexander, Katharene
Alexander, Margaret
Alexander, Susanna
Allan, Janet
Allane, Margaret
Allane, Robert
Alshenour, Katherine
Anand, Jonnet
Anderson, Cristian
Anderson, Elspeth
Anderson, Grissell
Anderson, Issobell
Anderson, Janet
Andersone, Bessie

NARRATOR 2 Andersone, Marjorie

Andersoun, Margaret
Anderson, Marioun
Andersone, Jonet
Anderson, Margaret
Andra, Helen
Angus, Alesoun
Anstruther, Agnes
Argyill, Margaret

Aroane, Marion
Aslowane, Mawsie
Atkin, Margaret
Auchinlek, Violat
Aunchtie, Katharine
Baillie, Elspeth
Baillie, Susanna
Bailzie, Marioun
Bain, Margaret
Bainzie, Robert
Baird, Elspeth
Baird, Walter
Bairdie, Isobel
Baleny, Margaret
Balfour, Alesoun
Balfour, Christiane
Balfour, Helen
Balfour, Margaret
Ballanmie, Margaret
Ballantyne, Cristine
Balliem, Margaret
Bankes, Marion
Bannatyne, Margaret

NARRATOR 3 Bannatyne, Susanna

Baptie, Margaret
Barbour, Jean
Barclay, Janet
Barclay, Margaret
Barker, Janet
Barroun, Issobell
Barrowman, Margaret
Bartan, Margaret
Bartilman, Margaret
Bardeman, Euphame
Barton, William, and his wife
Bathcat, Begis
Bathcast, Marion
Bathgate, Elizabeth
Bathgate, Isobell
Baxter, Janet
Baxter, Margaret
Bayne, Issobell
Beatie, Helen
Bell, Alexander
Bell, Bessie
Bell, Christian
Bell, Elspeth
Bell, Janet
Bell, Margaret
Bertram, Lillias
Bigham, Isobell
Bigland, Katherene
Bigland, Margaret
Bining, Jonet
Birne, Jonet
Bischope, Agnes
Bishop, Janet

NARRATOR 4 Bissat, Helen

Black, Elizabeth
Black, Kathrin
Blackie, Elspet
Blaik, Helen

Blaikie, Christian
Blaikie, Meriory
Blair, Katherene
Blak, Cristine
Black, Elspit
Blak, Jonet
Blak, Kathren
Blak, Margaret
Cairnes, Alisone
Cairnes, Issobell
Callender, Margaret
Callon, Janet
Callum, Margaret
Campbell, Agnes
Campbell, Catherine
Campbell, Gilbert
Campbell, James
Campbell, Janet
Campbell, Jean
Cant, Margaret
Caray, Katherine

Carfra, Bessie
Carfra, John
Carfra, Thomas and brother
Carfrae, Jonet
Carle, Agnes
Carlips, Thomas
Carrick, Alesoun
Carrilie, Bessie
Carse, John
Carvie, Margaret
Caskie, Mareon
Cass, Heleen
Castell, Janet
Cathie, Issobell
Cathie, Patrik
Cattenhead, Annabell
Chalmers, Agnes
Chalmers, Bessie
Chalmers, Elspeth
Chalmers, Giles

NARRATOR 5 Chancelar, Susanna

Chapman, Alesoun
Chapman, Margaret
Charters, Agnes
Chatto, Margaret
Chirnesyde, Niniane
Chisolme, Mary
Chisolme, Elspet
Chrystie, Agnes

Christie, Katharine
Clark, Janet
Clarke, Jonett
Clarkson, Agnes
Cleghorne, Jonnet
Cleilland, Jean
Dalgleish, Margaret
Davidson, Isabel

NARRATOR 6 Dawsoun, Bessie

Deanes, Helen
Deanes, Jeane

Demstar, Agnes
Dempstar, Jonnet

Dick, Alison
Dick, Elizabeth
Dickson, Isobel
Dickson, Margaret
Dickson, Marion
Dicksoün, Margaret
Dobie, Margaret
Dollour, Mary
Donald, Agnes
Donald, Janet
Donald, Margaret
Donald Oig, Agnes
Donalson, Adam
Donaldson, Agnes
Donnald, Janet
Dougáll, John
Dougall, Margaret
Douglas, Janet
Douglas, John
Douglas, Jonnet

Douglas, Margaret
Dovertie, Jonnet
Dow, Janet
Drever, Jonet
Drummond, Alexander
Drummond, Barbara
Dryburgh, Helene
Dryburgh, Isabel
Dryburgh, Margret
Drysdaill, Jonet
Dumbar, Jean
Dunbar, Elspet
Dunbar, Jonnet
Duncan, Elspet
Duncane, Andra
Duncane, Catherene
Dungalson, Agnes
Dunham, Margaret
Dunlop, Bessie

[*Blackout*]

THE END

GLOSSARY

ablow below
abuin aw above all
ae one
aff off
ahint behind
airm arm
alane alone
ane an aw one and all
auld farrant old fashioned
awbody everybody
awfu very
awricht alright
aye always, forever
ayont beyond
bampot idiot
baurley bree barley brew, whisky
Beltane May Day
ben inside
birken birch
blaws blows (verb)
blootered walloped, drunken
bluid blood
boggle ghost
bools in yer mooth talking posh
bowfin stinking
braith breath
braw handsome, beautiful
breeks trousers
brocht brought
brock badger
buddies people, bodies
burach mess, guddle, shambles,
burgess burgh councillor, magistrate
byde stay, dwell
byre cowshed
caller fresh
carlin old woman, witch
cauld cold
chairm charm
chiel child, fellow, person
child bed-lare giving birth
chookie chicken
chynge change
clack chatter
claithes clothes
clarty dirty
corbies crows
craitur creature
creeshie greasy
cronies chums, pals

GLOSSARY

croun crown
cuddy horse or donkey
daicent decent
daiths deaths
dang struck, skelped
daur dare
daurk dark
deil devil
dittay indictment, charge
dizzen dozen
dochter daughter
doited daft
dooie dove
dooley idiot
doots doubts
douce gentle, respectable
dreich dull, dreary
drouth thirst
duin done
eejit idiot
eicht eight
elf-grippit bewitched, under a spell
elfwichts elf beings, little creatures
eneugh enough
fae from
fameeliar familiar
fash bother, trouble, anxious
faur far
faut fault
faw fall
feart afraid
fechtin fighting
fidgin twitching
flee, fleein fly, flying
flichty flighty
flunkies servants
flytit scolded
folla follow
fower four
frichtsome frightening
fu full, drunk
fun found
furrit forward
furth of out of, beyond
fylit convicted, found guilty
gaes goes
gaird guard
gang go
gangrel beggar
gars me grue makes me sick, feel disgust
gaun going
gear goods, possessions
gemme game
ghaist ghost
glaikit stupid
glaur thick mud
gled glad
gomeril fool, idiot
gowd gold
gowk fool
gowpin throbbing painfully
graith equipment, tools
gruin ground
gub gob, mouth
guid good
guid-sister sister-in-law
guidman husband
gyte mad, crazy
hae mind remember
hairy trollop, scruffy woman
haiverin talking nonsense
hakkit ugly
hale / hail whole

GLOSSARY

haud hold (see **wheesht**)
hauf half
hauns hands
heid head
hert heart
hinnae have not
horny golloch earwig
hou how
howdiewife midwife
howf shelter, pub
ilka every
interlowpers incomers, outsiders
jaur jar
jyle jail
jyne join
kirk session church council or court
kirkyaird churchyard
kist chest
knowe hillock
lare lying place, bed (see **child bed-lare**)
lea leave
lees lies
leevin living
leuk look
looed loved
lowpin leaping
luckenbooths stalls, booths
mairchin marching
manky filthy
maun must
mercat market
minger stinker
miscawin miscalling
muckle much
mull mill

neb nose
nebby snooty
neer-dae-weel ne'er-do-well, rascal
nicht night
nippy nebs cheeky, smart
nocht not, nothing
noo now
nor north
numptie idiot
pairish parish
pauchle swindle
peck a measure of dry goods or liquid (about nine litres)
peety pity
pendles earrings
peyed paid
pickle small amount
ploo plough
pooches pockets
pooer power
preuch theft, stolen goods
puddock frog or toad
puggie very drunk
puir poor
quate quiet
rammy row, fight
rattans rats
rid red
rin run
rummlin rumbling
sair sorely
sarks shirts or shifts
scunnert sickened
seik sick
seiven seven
shaddas shadows
shair(ly) sure(ly)

GLOSSARY

shanks legs
shootin the craw disappear, rhyming slang for *gaun awa* (going away)
shrood shroud
sic such
sicht sight
siller silver
skeery scary, fearful
skyte crazy, mad
skytit skelped, struck, slipped, bounced, etc.
sleekit sly
smiddy blacksmith's workshop
smoor smother
snell sharp, biting
snowkin sniffing
sorra sorrow
sough sucking, gust, blast
speired enquired
speirited spirited
stappit stopped, blocked
staun stand
steekit shut, locked
steer stir
stracht straight
suin soon
swat sweat
syne ago / since
thegither together
thole endure
thrawn stubborn, twisted
threid thread
tocher dowry
tod fox
toozies scruffy people
toun / toon town
travail labour, work (from the French *travaille*)
twa two
tykes mongrels, scruffy dogs
ugsome horrible, loathsome
usqueba whisky (from the Gaelic *uisge beatha*, water of life)
wabbit tired, exhausted
wannert wandered
warlock wizard
wauken waken
waur worse
wecht weight
wha who
whaur where
wheen a number, a lot
wheesht / haud yer wheesht be quiet!
whiteer whatever
whitterricks weasels
whilk which
wice-like wise
wid would
wrackit shook, pulled, wracked
wrang wrong
wuids woods
wullcat wildcat
wunner wonder
yaise use
yestreen yesterday evening
yince once
yowe ewe
Yuletide mid-winter festival, Christmas

SPRIG O' ROWAN

Original

For it's a skeery life, a wea-ry life, a sair life tae bear. We're

shoved a-boot fae morn tae nicht, Fae here tae there. And

if ye were tae ask us o Kirks an Queens an Kings, we'd

say we hae a wea-ry time wi sic like things, we'd

say we hae a wea-ry time wi sic like things.

FINE FLOOERS IN THE VALLEY

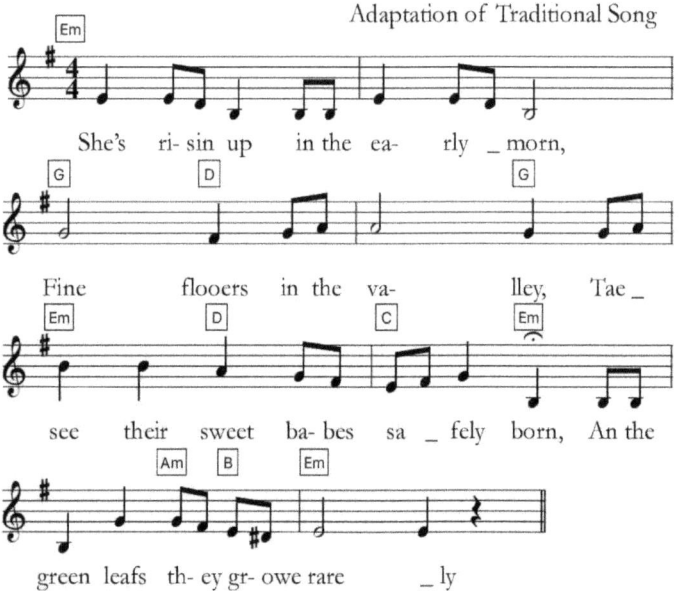

Adaptation of Traditional Song

She's ri- sin up in the ea- rly _ morn,
Fine flooers in the va- lley, Tae _
see their sweet ba- bes sa _ fely born, An the
green leafs th- ey gr- owe rare _ ly

THE BALLAD OF BESSIE'S BREW

N.B. "I Had a Love" is sung to this tune, but in a slower sadder way.

ANITHER GLESS O' WHISKY

Tune Traditional

THE GUID NEEBOURS

Tune Traditional

READING AND DISCUSSION QUESTIONS, AND OTHER CLASSROOM ACTIVITIES

Some of the following could be done as class/group discussions or as group/individual written answers. They are varied in difficulty and can thus be used selectively at different levels. Question numbers correspond to scene numbers in each Act.

ACT ONE

1. a) Which lines of the 'Sprig o Rowan' song show that the people of Scotland were: (i) superstitious; (ii) fed-up; (iii) didn't think very highly of their lords or rulers?
   b) From scene one as a whole, what do we learn about the state of Scotland in 1570?
   c) Which lines of narration illustrate the pagan influences on the lives of ordinary people and which show that the Kirk saw all this as evil?
   d) What do we learn about witchcraft persecution and the part played in it by the Church?

2. Explain Bessie's problems at the start of the play and how she tries to cope with them.

READING AND DISCUSSION QUESTIONS

3. From Scenes Two and Three, what are your first impressions of Bessie, Maggie and Tam?

4. a) Explain what we learn in Scene Four about how Bessie helps others in the community and what her neighbours think of her.
   b) What does she have doubts about, and what is Maggie's advice?

5. a) What does Tam mean about 'faith' in Scene Five, and how does he offer to help Bessie?
   b) Why do you think Tam might not want others to know about his help?

6. Explain what a 'skeelywife' was, and why she was such an important person in her community.

7. a) Explain how Bessie's 'magic brew' affects Grizell Johnstoun and how this brings about a few surprises for everyone.
   b) What do you think was really wrong with Grizell? Who do you think would be most/least pleased about the change that comes over her and why?

8. a) Why do wealthy people (the gentry) start to send for Bessie?
   b) Bearing in mind Bessie's reluctance (mentioned in Scene Four), why do you think she tries to help such people?

9. Why do you think Lady Blair originally sent for Bessie, and do you think there is anything wrong or dangerous in what she asked her to do?

10. a) We learned earlier that Andra has changed since his illness. From Scene Ten, how do you think he has changed and what effect will this have on Bessie and her family?
b) How could the whisky scene have turned out to be not so funny for Andra and his cronies?
c) Scenes Seven and Ten use a number of common or stock comic devices and characters. Pick one or two and explain what you find funny or not funny about them.

11. a) Scene Eleven appears to be a funny one at the start, but it does not in fact turn out this way. Explain why and say what you found funny or sad in this scene.
b) Who do you think is most at fault in this scene? Arrange them in order of blame. Who else will be blamed and why?
c) How does the song indicate a change of mood at the end of Act One?

READING AND DISCUSSION QUESTIONS

ACT TWO

1. a) What 'evils' does the Minister warn of in his sermon?
   b) How does his warning tie in with what you learned in Act One, Scene One, about the Kirk's attitude to old superstitions, etc.?
   c) How does his last warning provide a link into the next scene? What do you think the sudden cut from one to the other suggests about how far his warning is being heeded?

2. a) What has Kyle asked Bessie to do and why is this rather difficult for her?
   b) Explain how 'Bessie's reputation ... had become legendary' and how Kyle's comments to Scott illustrate this. How do you think Scott probably lost the cloak?

3. How would you describe the change of mood that takes place in Scene Three?

4. a) Why is Scott so angry with Bessie? How would you describe the sort of person he is?
   b) How would you describe the mood of the Irvine mob? What might they have done to Bessie?
   c) How does James Blair provide a dramatic contrast to the behaviour of others at the end of Scene Four? Why do you think he helps Bessie?
   d) Why do you think Bessie is so hurt and confused by the end of the Irvine episode and how does it signal a turning point in her story?

5. a) What change has taken place in the way some of her neighbours feel about her? How does the song highlight a change in them?
   b) What do you think of the part played by Elkie and Wulkie in Irvine and how might this make us see them in a different light from how we perhaps saw them before?

6. a) Explain the dilemma Bessie now faces when people seek her help.
   b) What does Tam mean when he says 'there are illnesses that Nature cannae cure'?

7. a) Explain what crime was committed and what part Jamie Dougall had in it. Why are Jamieson and Baird so angry with him?
   b) What impression of Dougall and the Blaks do we get at the start of this scene and how is this proved right or wrong by the end of it?
   c) What part did Andra have in the business of the plough-irons, and what serious repercussions does this have for Bessie?
   d) Look at the balance of comedy and menace in this scene and explain how it also signals an important change in the mood of the play.

8. a) Do you think the Bishop handles the situation well? What do you think the consequences will be for Bessie?
   b) Scene Eight opens and closes with a reference to Lord Boyd. What does this tell us about the situation of the 'tulchan' Bishop and the pressure he might be under?

READING AND DISCUSSION QUESTIONS

9. a) How would you describe the mood of the neighbours in Scene Nine? Who is sympathetic to Bessie and who isn't? Who is most hostile and why?
   b) How are contrasting moods or emotions created at the end of this scene?
   c) How does the song reflect a new mood amongst Bessie's neighbours?

10. a) What does Tam advise Bessie to do in Scene Ten, and what is he warning her about?
    b) What is worrying Bessie most and why does she feel reassured by the end of this scene? What does this tell us about her?

11. a) What additional information do we learn about Andrew's role in the plough-irons case during Scene Eleven? (
    b) What you think of him for doing this and what further light is shed on his character during this scene?
    c) What are Andrew Crawfurd's reasons for holding a grudge against Bessie?
    d) How would you describe the mood of the play by the end of this act?

ACT THREE

1. a) How does the minister's sermon make it clear that he is talking about Bessie, without actually naming her?
   b) What does his biblical quotation suggest will happen to her?
   c) Check out the meaning of any words you are not sure about in his sermon, e.g. necromancer, abomination etc.

2. a) Why does Bessie reject Tam's advice again? What else could she do?
   b) What do you think of his advice to seek an assize (court/jury) of her neighbours? Is this wise, in your opinion?
   c) Why does Bessie think asking Lady Blair for help would be a good idea, and what does this tell us about Bessie?
   d) Towards the end of their conversation in Scene Three, we hear about how Bessie and Lady Blair think the world has changed. What do they think has changed and why is this?

3. a) What do you think of Lady Blair's answer to Bessie's question about an assize and the reassurances she offers Bessie? What is your opinion of Lady Blair by the end of Scene Three?
   b) How convincing is auld Wull's evidence about Tam's 'death' at Pinkie? What could have happened to him?
   c) In Scene Three, what possibilities are suggested about auld Tam's identity? What do we learn about the kind of person he was from auld Wull and Lady Blair? Does this tie in with what we know of him?

d) What is Reid's attitude to the news Bessie has brought? Can you blame him for believing Bessie is a witch or does he maybe have an ulterior motive? Look at what seems to be worrying him most, and how he plays on Lady Blair's fears.

4. a) How does Andra now feel about the situation they are in and what does he want Bessie to do? Why does he finally make the choice he does and what do you think of him for doing so?
b) Selfishness, loyalty, courage, sense, self-sacrifice, fear, cruelty, hatred, spite. Who shows some of these qualities in this scene and how do they show it? Whose behaviour do you admire/dislike most by the end of it?
c) Which aspects of Scene Four do you find most disturbing or sinister?
d) Show how the song provides a sort of 'frame' for Scene Four and why it is appropriate.

5. a) How does Margaret Symple play an important role in turning people against Bessie? What other reasons make them turn against her?
b) Hysteria, fear, revenge, evil. Comment on how Scene Five illustrates one of these emotions.

6. a) What does the Bishop decide to do about Bessie this time and what does this tell us about him?
b) What does he think will happen to her and why?

AND OTHER CLASSROOM ACTIVITIES

7. a) What do Balmanno and Whittinghame find most puzzling about Bessie's case and why do they think it is 'disturbin'?
    b) Why do they want her case sent to the High Court?

8. a) List the main devices used in the torture of suspected witches.
    b) Is Bessie telling the truth when she says that her man knew nothing? Why does she say this?
    c) Why do the interrogators want Bessie to say that Tam used the words 'Sancta Maria'?

9. a) Give an example of how the interrogators distort Bessie's words and build on this to distort the truth.
    b) Which techniques or devices seem to be the most effective in obtaining the 'evidence' her interrogators want?
    c) Bessie's 'confession' becomes increasingly 'fantastic'. Show how and why this is done.
    d) A grim irony is used at the end of some of the interrogation sessions. Explain one of the examples.

10. a) Explain in your own words what exactly Bessie was accused of.
    b) Why do her accusers link her work as a skeelywife with Tam and the Queen o Elfhame? What is their description of him trying to prove? Explain what they are trying to prove by asking about Tam's views on religion.
    c) What does it tell us about the assize that we are given a list of the actual fifteen male jurors and that Crawfurd turns out to be their convener or chairman?

d) Do you think it would have made any difference if Bessie had been allowed to speak in court? Why? Explain the irony behind 'an assize o her neebours an nothin should ail her'.

e) The court scene uses some complex archaic legal language. Can you think of some reasons for this and why it is used in this scene, instead of simplifying (though it has been simplified a bit) or modernising it? Pick an example of legal jargon and explain what it means.

11. a) How does Bessie's final speech stress the evil done to her, and what warning does it give us?

b) How does 'Fine Flooers' sum up Bessue's tragic story? How would you describe the mood of the song? Comment on any particular lines or images that highlight this mood.

c) Explain how the final lines of narration, as well as the biblical extracts, make it clear that we are not just talking about burning witches, but all forms of victimisation and persecution.

d) Why do you think the play ends with the list of names and what effect is created by-hearing Bessie's name as the lights fade?

FURTHER DISCUSSION POINTS

1. Class or group quiz: some of the class make up statements about five or six of the characters and ask the others to guess who they are. Decide whether they will be factual statements, character descriptions or statements of opinion about characters, etc.

2. a) Select the three or four characters you think harmed Bessie most. Place them in order, from most to least harmful, and give reasons.
   b) How and why do Bessie's neighbours change in their attitude towards Bessie during the play? Who changes most/least?

3. a) Who shows most loyalty or love towards Bessie? Who is the most spiteful? What do they do to show this? Which scene illustrates this best?
   b) How and why does Bessie help the local gentry? How did this contribute to her downfall?

4. a) Without any discussion, or letting others see your choice, writes down one or two words to describe Bessie, then compare notes. How much agreement/disagreement is there?
   b) Find some examples of Bessie being some of the following: kind, brave, caring, good-humoured, patient, trusting, simple, naive, wise, determined, resourceful, self-sacrificing, considerate, forgiving.
   c) Try to agree on Bessie's three or four most important qualities and say why they best sum her up. Refer to particular scenes, to back this up.

READING AND DISCUSSION QUESTIONS

d) Why do you think Bessie is unable to recognise the danger she was in until it was too late? Why doesn't she heed earlier warnings? What else could she have done? What would you have done?

5. What do you think of the way Tam is presented in the play? Does he seem a real person, like an old hermit or beggar, or a ghost or spirit, or only a figment of Bessie's imagination? Give your reasons. In what way was Bessie his kindred 'spirit' or his spiritual heir?

6. a) Find examples of different kinds of songs or music in the play and suggest why they are used.
b) Explain how and why the songs change during the course of the play.

7. Find examples of how the narration is used in different ways and for different purposes during the play (e.g. to inform, explain, educate, entertain, persuade, move, create particular effects, emphasis, moods or contrasts, etc.).

CHECKING KEY WORDS

Check out the meaning of some key words related to witchcraft persecution in pairs, or maybe subdivide the list to different groups, e.g. tradition, folklore, fantasy, superstition, supernatural, slander, accusation, allegation, prosecution, persecution, mania, hysteria, torture, confession, justiciary/judiciary, jury, prejudice, victimisation, stereotype, scapegoat, etc., and any other new words they have come across.

SUMMING UP

1. In pairs, select and write down two or three important or interesting **facts** about Bessie, two or three things that were possibly **true** about her and also some you think were possibly or probably **not true**. Give your reasons for saying true / not true.

2. Working on your own, or with a partner, write a short paragraph about who Bessie was, what she did, what happened to her and why.

READING AND DISCUSSION QUESTIONS

PERSONAL OR IMAGINATIVE WRITING

(in Scots or English or a mixture of both)
These suggestions are varied in difficulty to allow teachers and pupils to select what is appropriate for their level.

1. Use some of the experiences talked about or acted out in drama to script your own short scene about a rumour or gossip that got out of hand and upset someone or caused trouble.

2. Write a short script about a time you or a friend were accused of something you didn't do, or a time you were bullied or were involved in bullying someone or about a new pupil being ignored or victimised by others or a timid person hiding from or facing up to a bully

3. Imagine you are Bessie. Write her story or 'confession' about one or more of the things that happened to her.

4. Write a poem or song about Bessie Dunlop and her children (who are only mentioned once in the confession) or about Bessie by one of her children.

5. Imagine you were one of the jurors at her trial or witnesses at her burning. Tell your friends or neighbours what you saw and how you felt. You could write it as a script or story.

6. Write a serious or comic confession to something you have done, in the form of a letter or diary.

7. Write a newspaper, radio or television report on one of the episodes in the play, for example the Irvine scenes, the Bishop scenes or the trial.

8. Script an interview with a character from the play for a radio or television programme.

FURTHER RESEARCH FOR WRITING OR TALKING

1. Explain how and why we still observe many old folk beliefs, superstitions and customs and check out the origins of festivals like Christmas, Halloween, Hogmanay, Beltane or May Day, or festivals from other traditions or cultures. Try interviewing some older people with a good local knowledge about old customs or local fairs or festivals. Which of these still survive? Write a report or magazine article based on your findings.
Look up *The Silver Bough* by Marian McNeill or read some of Robert Burns's poems like 'Address to the Deil', 'Tam o' Shanter', or 'Halloween'.

2. Try to find out more about witchcraft persecution or about famous witch-hunts or witch trials in Scotland or elsewhere, e.g. Germany, France, or Spain, and then write up a report on your findings, maybe trying to show how Scotland, or your local area, compared with the general pattern.

3. Tell the story of a famous local witch, warlock, witch-finder, inquisitor, priest, minister or judge and explain what you think about the case or person.

4. Find out more about traditional medicine and healers and find out what sort of medicines or cures were often used in the past and how many are still in use. Deliver a short talk or report to your group or class.

FUNCTIONAL OR DISCURSIVE WRITING (AND TALKING)

1. What is a witch or warlock/wizard supposed to look like? Describe the popular image in words and maybe add a drawing. Give your opinion of this stereotype. Have your views been changed by reading the play or by further reading or talking to others? Deliver a short talk or report about your views on witches and witchcraft today and / or in the past

2. Do you believe in the supernatural? Or do you think it is all just fantasy, dreams or nonsense? Discuss some different views on this subject, interview others and then explain your own views about this in a talk or opinion piece of writing.

3. Write a magazine article about a person you admire because they do a lot for others, or someone you think is very brave because of the difficulties they have had to overcome or cope with. Try to write about someone you actually know and if possible include a real interview.

4. Write a letter to a newspaper about some form of discrimination or injustice about which you feel very strongly and say what you think should be done about it.

DRAMA

a) Pairs Discussion
Have you ever been accused or suspected of doing something you did not do? Or have you ever said something or repeated something that caused a problem or landed someone else in trouble? Have you ever been bullied or been involved in bullying? What did this feel like and how do you now feel about it? Exchange experiences in pairs, then swop partners to hear from someone else. Report back to the whole class or group.

b) Group Drama Activity
In groups of five or six, take turns to stand in the middle of a circle. The person in the middle should slowly look around the circle, while others stare at them, then (when given a signal) they start whispering about the person in the middle and finally, (on the signal) start calling 'a witch, evil witch, wicked, horrible nasty witch!' Stop immediately on the signal and possibly reverse these three stages, ending with staring silently. How did it feel to be at the centre of the circle and how did you feel when name calling?

READING AND DISCUSSION QUESTIONS

MUSIC AND SONGS

Songs from the play could be learned maybe with help from a music teacher or musical colleague, possibly via a separate music session or along with drama activities. If one or two songs or extracts are learned they could be included with performances, sung by individuals or groups or whole class.

DRAMA ESSAY

1. Pick one scene that you found funny and one that you found menacing, sad or moving. Briefly describe what happens in each scene and explain why you felt this way about it. Also try to show why both these aspects are important in the play as a whole.

2. Compare two contrasting characters or groups of characters and show why this contrast is important to the play as a whole and what it is trying to say.

3. Pick a theme or themes that you think are important in the play and show how they are developed. Do you think it raises any issues that are important to our own age? How does it do this?

Milton Keynes UK
Ingram Content Group UK Ltd.
UKHW042229180924
448454UK00004B/103